AF356204

LIBRAIRIE PAUL OLLENDORFF

28 *bis*, Rue de Richelieu, Paris

Collection grand in-18 à 3 fr. 50 le volume.

ALLARD (Léon). — Les Vies muettes. (*Ouvr. couronné par l'Acad. française*).

BERGERAT (Emile). — Le Faublas malgré lui. — Le Viol. — Le Petit Moreau.

BLAVET (Emile) (*Parisis*). La Vie Parisienne (1885, 1886, 1887, 1888, 1889).

BONNIERES (Robert de). — Mémoires d'Aujourd'hui. (1re, 2e et 3e séries). — Les Monach. — Jeanne Avril. — Le Baiser de Maïna. — Le petit Margemont.

CAHU (Théodore). — Chez les Allemands. — Petits Potins militaires. — Pardonnée?

CARETTE (Mme A.). — Souvenirs intimes de la Cour des Tuileries. (1re et 2e séries).

CAROL (Jean). — L'Honneur est sauf.

CATULLE MENDES. — Les Boudoirs de Verre. — Pour les Belles Personnes. — L'Envers des Feuilles. — La Princesse nue.

CHAMPSAUR (Fél.). — Dinah Samuel.

CLAVEAU (A.). — Contre le flot. (*Ouvr. couronné par l'Académie française.*)

DARIMON (Alfred). — L'Agonie de l'Empire.

DELPIT (Albert). — Le Fils de Coralie. — Le Mariage d'Odette. — La Marquise. — Le Père de Martial. — Les Amours cruelles. — Solange de Croix-Saint-Luc. — Mlle de Bressier. — Thérésine. — Disparu. — Passionnément. — Comme dans la Vie. — Toutes les deux.

DURUY (George). — Fin de Rêve.

GAGNIERE (A.). — Les Confessions d'une Abbesse du XVIe siècle.

GANDILLOT (Léon). — Les Filles de Jean-de-Nivelle. — De fil en aiguille.

GAULOT (Paul). — Mlle de Poncin. — Le Mariage de Jules Lavernat. — L'Illustre Casaubon. — Un Complot sous la Terreur. (*Ouvrage couronné par l'Académie française.*) — Rêve d'Empire. — L'Empire de Maximilien. — Fin d'Empire.

GOUDEAU (Emile). — Le Froc.

HERISSON (Cte d'). — Journal d'un Officier d'ordonnance. — Journal d'un Interprète en Chine. — Le Cabinet noir. — La Légende de Metz. — Autour d'une Révolution. — Nouveau Journal d'un Officier d'ordonnance. — Journal de la Campagne d'Italie. — Un Drame royal. — Le Prince Impérial. — La Chasse à l'Homme.

KERATRY (Comte E. de). — A Travers le Passé.

LAUNAY (de). — Les Demoiselles Sévellec. — Discipline. (*Ouvrage couronné par l'Académie française.*)

LOCKROY (Ed.). — Ahmed le Boucher.

MAIRET (Jeanne). — Peine perdue. — Artiste.

MAIZEROY (René). — Bébé Million. — La Belle.

MARNI (J.). — La Femme de Silva. — Amour coupable.

MAUPASSANT (Guy de). — Les Sœurs Rondoli. — Monsieur Parent. — Le Horla. — Pierre et Jean. — Clair de Lune. — La Main gauche. — Fort comme la mort. — La Vie errante. — Notre Cœur.

MIRBEAU (Octave). — Le Calvaire. — L'Abbé Jules.

MONIN (Doct. E.) Misères nerveuses.

MONTJOYEUX. — Les Femmes de Paris.

OHNET (Georges). — Serge Panine. — (*Ouvrage couronné par l'Académie française*). Le Maître de Forges. — La comtesse Sarah. — Lise Fleuron. — La Grande Marnière. — Les Dames de Croix-Mort. — Noir et Rose. — Volonté. — Le Docteur Rameau. — Dernier Amour. — L'Ame de Pierre.

PENE (Henry de). — Trop Belle. (*Ouvrage couronné par l'Académie française.* — Née Michon. — Demi-Crimes,

PERRET (Paul). — Sœur Sainte-Agnès.

PERRIN (Jules). — Le Canon.

PRADEL (G.). — La Faute de Mme Bucières. — Les Baisers du Monstre. — Montalégre.

RAMEAU (Jean). — Fantasmagories. — Le Satyre. — Possédée d'amour.

RZEWUSKI (Cte St.). — Alfrédine.

SARCEY. — Le Mot et la Chose. — Souvenirs de Jeunesse.

SILVESTRE (Armand). — Les Farces de mon ami Jacques. — Les Malheurs du Commandant Laripète. — Les Veillées de Saint-Pantaléon.

THEURIET (André). — La Maison des Deux Barbeaux. — Les Mauvais Ménages. — Sauvageonne. — Michel Verneuil. — Eusèbe Lombard. — Au Paradis des Enfants.

TREZENIK (Léo). — La Confession d'un Fou.

UCHARD (Mario). — Mon Oncle Barbassou. — Joconde Berthier. — Mademoiselle Blaisot — Inès Jacker. — La Buveuse de Perles. — L'Étoile de Jean,

VALLADY (Mat.). — Filles d'Allemagne — France et Allemagne : les Deux Races.

VAST-RICOUARD. — Claire Aubertin — Séraphin et Cie. — La Vieille Garde — La Jeune Garde. — Madame Lavernon.

VAUDERE (J. de la). — Mortelle étreinte

VILLEHERVE (Robert de la) et MILLET (George). — La Princesse pâle.

Paris. — Typ. Georges Chamerot, 19, rue des Saints-Pères. — 27242

LA SCIENCE

DE LA

PEINTURE

Il a été tiré à part 20 exemplaires sur papier de Hollande
numérotés à la presse.

LA SCIENCE

DE LA

PEINTURE

PAR

J.-G. VIBERT

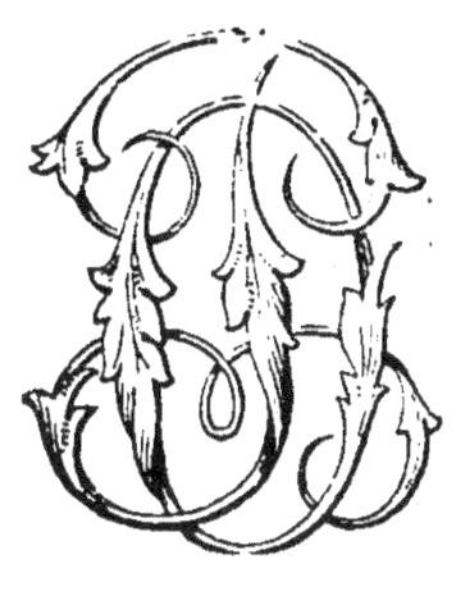

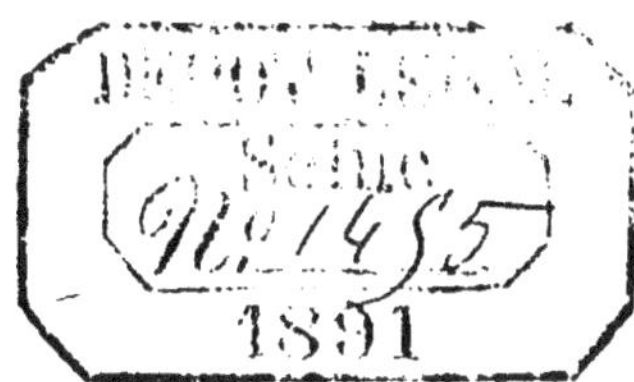

PARIS

PAUL OLLENDORFF, ÉDITEUR

28 *bis*, RUE DE RICHELIEU, 28 *bis*

—

1891

Tous droits réservés.

On dédie les livres à des confrères que l'on estime, à des célébrités que l'on admire, ou à de grands personnages dont on espère obtenir ainsi la protection. Celui-ci serait dédié à l'Institut de France, s'il était permis de lui dédier un livre.

AU LECTEUR

L'auteur, à la suite du cours public qu'il a fait à l'École des Beaux-Arts, se rendant au désir de plusieurs de ses auditeurs, s'est décidé, sans résistance d'ailleurs, à réunir ses conférences dans un volume qu'il a l'honneur de vous présenter aujourd'hui.

N'ayant pas la prétention de donner à ses confrères des leçons, ni même des conseils, autrement que pour la conservation de leurs œuvres, il laissera de côté toutes les questions d'esthétique, de dessin, d'anatomie, de perspective et de composition qui font partie de l'art de la peinture, mais qui n'ont aucune influence sur sa solidité; ne voulant s'occuper que des moyens pratiques, ce qu'on appelle vulgairement : les ficelles du métier. Tout au plus fera-t-il quelques digressions scientifiques nécessaires parce que certains effets ne peuvent être bien compris si on n'en connaît pas les causes.

Cet ouvrage, fruit de trente années d'étude et d'expérience, est ce que l'on a écrit de plus sérieux et de plus honnête sur ce sujet. Du moins l'auteur le pense, et il est bien obligé de le dire, car si, par modestie, il disait le contraire on ne le croirait pas !

Ce livre, malgré les qualités que l'auteur lui reconnaît, aura-t-il les résultats qu'il en attend ? Fera-t-il adopter aux peintres une méthode plus rationnelle ? Verra-t-on, grâce à lui, les chefs-d'œuvre de l'avenir conserver leur éclat et leur fraîcheur ?

De cela l'auteur n'est pas bien sûr. N'osant prévoir un tel succès, il se trouvera déjà récompensé de ses efforts, n'eût-il qu'un lecteur, si ce lecteur le lit jusqu'au bout, et il vous salue respectueusement, car, peut-être, serez-vous celui-là.

LA SCIENCE

DE

LA PEINTURE

CHAPITRE PREMIER

LES PROCÉDÉS DE LA PEINTURE A TRAVERS LES AGES

Aussitôt que des hommes se sont réunis quelque part pour vivre en société, ils ont eu une religion et un art dont la première manifestation a toujours été la peinture.

Le procédé primitif qu'ils employèrent fut partout le même. Il existe encore dans toute sa naïveté chez quelques peuplades sauvages qui s'en servent pour peinturer leurs idoles, leurs ustensiles, leurs armes ainsi que le corps de leurs guerriers.

Ce procédé, qui se borne à l'emploi de terres argileuses que la présence d'oxydes métalliques a naturellement colorées, ou de teintures obtenues par la décoction et la sève de certaines plantes, consiste à délayer les terres avec de l'eau pour former des bouillies de couleurs, puis à étaler sur l'objet à décorer, bouillies et teintures à l'aide d'un petit bâton ou simplement avec le doigt : c'est d'une innocente simplicité!

Cependant, si rudimentaire que soit ce premier procédé, il contient le germe de tous les autres; et nous allons voir bientôt que les nombreuses matières colorantes mises aujourd'hui par la nature et la science à la disposition des peintres sont presque toutes des combinaisons de ces trois principes : l'argile, les sels métalliques et les teintures végétales.

L'idée vint par la suite de mélanger des gommes à ces principes colorants pour obtenir plus de solidité comme aussi plus d'éclat.

Les Égyptiens nous ont laissé, sur leurs momies, des spécimens de ces premières peintures à la gomme, qu'ils recouvraient quelquefois de cire fondue et qui, étant ainsi préservées du contact de l'air, ont conservé une fraîcheur de ton extraordinaire.

L'usage des argiles colorées, incorporées directement à la chaux et aux ciments, ainsi que la fabrication des terres cuites recouvertes de matières vitrifiées, remontent aussi à la plus haute antiquité. Ce sont ces émaux grossiers et ces ciments de diverses couleurs qui, cassés en petits cubes et ensuite incrustés dans un mortier frais avec d'autres morceaux de marbres ou de pierres, constituèrent les premières mosaïques.

Aux temps héroïques de la Grèce, le peintre introduisait ces mêmes matières colorées, réduites en poudres fines, dans de la cire fondue ; souvent il y ajoutait des résines et il étendait ces pâtes amollies par la chaleur sur les surfaces qu'il voulait décorer, en s'aidant d'une spatule de bronze légèrement chauffée. Ensuite, avec l'autre bout de cette spatule terminée en pointe, il dessinait, dans la couche de couleur encore molle, l'objet qu'il voulait représenter, et après avoir fait tomber tout ce qui était en dehors des contours, il recommençait à côté avec une pâte d'une autre teinte.

C'est ainsi qu'étaient peintes les proues des navires qui portèrent les rois grecs pendant la guerre de Troie[1].

En somme, jusque-là, l'art du peintre participait beaucoup de la sculpture et ne comportait que des teintes plates. Ce fut beaucoup plus tard qu'apparurent, avec l'usage du pinceau, les premières tentatives de modelé. On put alors, en étalant les couleurs broyées à l'eau sur un mortier frais de sable et de chaux, produire des teintes dégradées, et c'est après cette invention de la peinture à fresque que furent faits les premiers tableaux qui soient vraiment dignes de ce nom.

On peignit ensuite avec des gommes-résines dans lesquelles on introduisait de la cire rendue miscible à l'eau par la présence de la chaux.

---

1. Ce genre de peinture vient d'être inventé de nouveau et l'on a pu voir, au dernier Salon, un tableau peint par ce procédé.

Lorsque la peinture était ainsi faite, on promenait devant un réchaud de bronze, en forme de grille, rempli de charbons ardents et nommé *cauterium*. La cire et la résine, se fondant sous l'influence de la chaleur, formaient alors, avec les couleurs, un tout homogène dont la durée était presque illimitée.

Des peintures faites par ce procédé ont été vues en parfait état de conservation neuf siècles après l'époque de leur exécution, quoiqu'elles fussent cependant sur des murailles extérieures exposées à toutes les injures du temps.

C'est par ce même moyen que les sculpteurs grecs enduisaient leurs statues de marbre, pour les conserver et leur donner une patine dont on retrouve encore des traces indubitables sur quelques fragments.

Enfin, lorsque par la distillation on put extraire des essences de certaines plantes, les peintres composèrent des vernis en dissolvant des résines dans ces essences, et l'on peut dire qu'alors la peinture des anciens atteignit son apogée. Du reste, un tableau de cette époque,

peint sur lave, a figuré à l'Exposition univer-
selle de 1889 dans l'histoire du travail, et tous
ceux qui l'ont vu, ont pu constater son extraordinaire état de conservation.

Ces différents procédés de l'antiquité se
continuèrent à peu près jusqu'au moyen âge,
où l'usage de la cire se perdit presque complètement, pour faire place à la peinture
à l'œuf dont l'emploi se généralisa rapidement. Les miniatures sur parchemin des missels, les panneaux des reliquaires précieux, les
triptyques qui ornaient les autels et les murs
des églises étaient pour la plupart peints par
ce procédé, du reste très solide, car il permet
l'introduction des résines, le jaune d'œuf contenant une huile qui a la propriété de les
dissoudre.

Avec le xv⁰ siècle, nous voyons apparaître
la peinture à l'huile. Nous n'avons pas à entrer ici dans la grande discussion qui dure encore, afin de savoir si c'est vraiment Van
Eyck qui l'a découverte, mais cependant nous
osons dire timidement que, peut-être, elle n'a
été découverte par personne et qu'il se pour-

rait que son invention ne fût que le résultat d'une grosse erreur.

D'abord, ni Jean van Eyck ni son frère n'ont jamais fait part à personne de leurs procédés ; leurs secrets sont morts avec eux, et, si l'on croit ce que l'on raconte, ils en étaient même si jaloux qu'ils poignardèrent un indiscret qui avait osé pénétrer dans leur atelier.

Ce fut en vain que d'illustres confrères attirés par la réputation des deux frères vinrent d'Italie jusqu'à Bruges : ils ne purent rien savoir, si ce n'est qu'on croyait qu'ils devaient l'éclat de leur coloris à l'emploi de l'huile.

Or à cette époque on appelait huile, indifféremment, tous les liquides visqueux qui peuvent s'extraire des plantes à froid et dont quelques-uns sont cependant de véritables essences. On ignorait qu'on peut en tirer aussi du jaune d'œuf dur et que ces essences huileuses forment avec les résines des vernis gras qui ont toute l'onctuosité des huiles véritables et donnent aux couleurs une transparence et une richesse que celles-ci ne leur donnent pas.

Ce qui est certain, c'est que, des procédés de Van Eyck, il ne transpira qu'un mot..... huile ! Nous savons maintenant que ce mot pouvait être à double entente; mais pour les peintres d'alors il ne le fut pas : ils s'empressèrent de broyer leurs couleurs avec une huile quelconque pour imiter le grand inventeur et, cependant, ils ne parvinrent jamais à égaler la puissante coloration de ses tableaux. Or parmi les adeptes de cette nouvelle peinture il y a eu de grands maîtres qui eussent dû en tirer aussi bon parti que Van Eyck lui-même : nous nous permettons donc de dire que le procédé tel qu'on l'a employé depuis lui n'était peut-être pas le sien ou qu'il a été mal compris, car si ce grand peintre s'est vraiment servi des huiles dont on se sert encore aujourd'hui, ne les a-t-il jamais employées que très chargées de résine sur des panneaux préparés à la colle et ébauchés à l'œuf : ce qui fait que les couleurs à l'huile appliquées en demi-pâtes ou en glacis seulement n'existent qu'à l'état de pellicule dans ses tableaux.

Ne pouvant percer le mystère qui enveloppe l'invention de la peinture à l'huile et convaincus que si c'est Van Eyck qui l'a découverte, il ne la pratiquait pas comme on l'a pratiquée après lui, nous nous contenterons de constater que l'usage s'en est répandu aussitôt après sa mort, qui date de 1450, et que les écoles flamande et hollandaise furent celles qui se rapprochèrent le plus du grand peintre de Bruges comme résultats obtenus, — ce qui permet de supposer qu'elles s'en rapprochèrent aussi comme moyens pratiques.

L'habitude de peindre sur des préparations à la colle et d'adjoindre de la résine aux couleurs à l'huile se conserva pendant plus d'un siècle encore dans les Flandres. Otto Venius, le maître de Rubens, y était resté fidèle, et Rubens lui-même peignit tous ses premiers tableaux de la même façon. Lorsque plus tard il usa des empâtements, ce ne fut que dans les clairs et jamais il n'abandonna l'usage des enduits à la colle.

Après ce maître incomparable, c'est la décadence qui commence. On n'emploie plus les résines, ce qui force à augmenter la proportion d'huile ; on prépare la toile et les panneaux avec des enduits à l'huile, les couches épaisses de couleurs à l'huile se superposent. A cet abus d'huile vient s'ajouter celui de l'essence de térébenthine et la peinture, perdant peu à peu sa transparence, prend un aspect terne et farineux, qui va toujours en s'accentuant jusqu'à la fin du dix-huitième siècle.

Au commencement du dix-neuvième, toutes les traditions disparaissent, négligées par ceux qui les devraient enseigner, oubliées par ceux qui les ont pratiquées, et ensuite totalement ignorées de toute une génération nouvelle.

Cette génération, celle de 1830, pressée de tout bouleverser, comprenait cependant qu'il fallait une méthode et l'on en créa de nouvelles ; on en créa beaucoup, on en créa trop, car pas une ne fut bonne. Tout le monde s'en mêlait alors, jamais on a tant écrit sur la peinture qu'à cette époque et jamais on n'a si mal peint au point de vue de la solidité ; chaque groupe, chaque artiste même avait des formules qu'il tenait secrètes comme l'eût fait un alchimiste de conte de fées.

Un de ces cachotiers, facétieux à ses heures, écrivait sur les fioles qui traînaient dans sa boîte à couleurs : huile de Perlimpinpin, baume d'Apollon, fluide aérien, etc. Que de regards d'envie jetaient sur ces trésors les élèves qui pénétraient dans son atelier ! Comme ils auraient voulu s'en servir ! Et plus tard, en revoyant les tableaux rissolés de ce vieux magicien, comme ils se sont félicités de ne l'avoir pu faire !

Aujourd'hui les peintres n'ont plus de ces jalousies puériles et, dédaignant même de s'occuper des questions matérielles de l'art, ils abandonnent le soin de préparer leurs toiles et leurs couleurs à des broyeurs qui descendent par bandes des montagnes... ne disons pas de quelles montagnes, pour ne froisser personne !

Ces industriels adroits mais ignorants inventent des onguents, des pommades, des siccatifs, etc., et sous des noms pompeux fabriquent des mélanges de couleurs désastreux. Ils fournissent tout, la boîte, le chevalet, les pinceaux, les sujets de tableaux, voire même leurs conseils et la bienveillance du jury de peinture.

L'artiste moderne, muni de toute cette pacotille d'amateur, n'ayant plus à s'occuper des moyens, se livre à toutes ses fantaisies. Il peint au hasard, sans souci du lendemain, n'ayant d'autre préoccupation que de suivre la mode, car la mode s'en mêle! Il y a des tonalités exquises qu'il faut avoir, comme aussi les chairs agatées, les transparences marmoréennes, les matités sourdes, les modelés crépusculaires, etc. : on ne suffit pas, on en manque, les journalistes en demandent!

Les chaud-de-tons? la pâte émaillée? les gratins? Il n'en faut plus!

Et puis il y a les trésors de virtuosité, la touche infinie, enveloppante, amoureusement promenée!

Quant au flafla de la brosse et au cliquetis du pinceau, inventés par Paul de Saint-Victor, c'est vieux jeu.

Cependant les chefs-d'œuvre d'hier, à peine dans les musées, s'assombrissent, craquent et pleurent des larmes de bitume! Dans les monuments, les néo-fresques moisissent, s'écaillent,

tombent de leurs voûtes, et les contemporains
qui ont vu naître les œuvres de Henri Regnault
et de tant d'autres sont obligés de raconter
aux jeunes gens, qui ne veulent déjà plus le
croire, combien les couleurs en ont été fraîches
et brillantes.

Il suffit de faire une promenade dans le
Louvre pour constater que la conservation de
la peinture est en raison directe de son ancien-
neté, c'est-à-dire que dans les tableaux du quinzième siècle, pour ne remonter que jusque-là,
le coloris est resté plus éclatant et la matière
plus solide que dans ceux du seizième, et qu'en
se rapprochant de notre époque la peinture
se détériore de plus en plus : les tableaux les
plus abîmés ne datent que de quelques années.

A qui la faute? Hélas! aux artistes seuls,
dont l'insouciance dépasse les bornes.

Mais, diront-ils pour leur excuse, comment
ferions-nous de la peinture solide? On ne nous
a jamais parlé de cela. Nos professeurs eux-
mêmes n'en savaient rien. C'est un peu vrai.
Ne récriminons donc pas et passons l'éponge;
mais, afin que ceux qui vont venir ne puissent

en dire autant, c'est à retrouver ces traditions perdues et à les compléter au moyen des découvertes de la science moderne que nous allons travailler de tous nos efforts.

Dans ce but, nous étudierons toutes les matières employées par nos prédécesseurs, commençant toujours aux époques les plus anciennes pour arriver à nos jours; et sachant ainsi, par l'usage qu'ils en ont fait et les résultats qui nous sont parvenus, ce qu'il faut conserver et ce qu'il faut bannir, nous pourrons, sur une base solide faite, de l'expérience de plusieurs siècles, établir enfin les principes des procédés matériels de la peinture et, répandant la lumière dans les ténèbres de l'ignorance et de l'empirisme, en faire surgir une science nouvelle.

CHAPITRE II

LA LUMIÈRE ET LES COULEURS

Il ne suffit pas de donner aux artistes des matériaux solides pour assurer la durée de leurs œuvres, si ces matériaux sont mal employés, et il n'est pas possible d'indiquer, d'une façon générale, comment ils doivent l'être, attendu que chaque objet que l'on peint nécessite une exécution différente.

Le peintre doit obtenir de ses couleurs, par les façons diverses dont il les étale ou les superpose en s'aidant des huiles et des vernis, tous les effets de transparence, d'opacité, de luisance, de matité, etc., que produit la lumière. Chacune de ces manières particulières d'employer les mêmes matières pour donner un résultat durable, nécessite des précautions spéciales que nous indiquerons ; mais il est indispensable, pour bien comprendre comment on peut reproduire facticement tous les phénomènes d'éclairage et de coloration qui se présentent à nos yeux, de savoir d'abord comment ils se produisent dans la nature.

D'après le système adopté aujourd'hui, les corps lumineux par eux-mêmes, le soleil, les étoiles, les flammes sont composés de molécules dans un état de vibration perpétuel. Ce mouvement vibratoire, communiqué aux molécules environnantes, engendre des ondes circulaires qui se propagent dans l'espace, déterminent en arrivant sur la rétine la sensation de la lumière, de même que les ondes sonores frappant sur le tympan déterminent la sensation du son.

Quelques-unes de ces ondes lumineuses, absorbées par les corps qu'elles rencontrent, se transforment en puissance calorique ou chimique, les autres cheminent à travers les milieux transparents, comme l'air, l'eau, le verre : c'est le phénomène de la *transmission*. Si elles rencontrent des corps opaques qui les arrêtent, elles rebondissent et sont rejetées dans l'espace : c'est le phénomème de la *réflexion*.

Mais, selon la densité des milieux transparents et selon la matière, la forme ou la nature de la surface des corps opaques, elles sont transmises ou réfléchies dans des conditions différentes.

Dans les milieux transparents homogènes, elles sont transmises directement en ligne droite, mais la direction change aussitôt qu'elles passent dans un milieu d'une autre densité : c'est ainsi qu'un bâton plongé dans l'eau a l'air d'être brisé, cela s'appelle la *réfraction*. Lorsque les ondes sont réfléchies par un corps opaque à surface polie, la *réflexion* est directe ou autrement dite *spéculaire*, comme sur un miroir, par exemple.

Dans ce cas, si la lumière frappe l'objet perpendiculairement, elle revient sur elle-même ; si elle frappe obliquement, elle est renvoyée dans la même obliquité du côté opposé à celui d'où elle vient. Quand le corps est à surface rugueuse, les ondes lumineuses sont renvoyées dans toutes les directions : c'est la *réflexion diffuse*.

Mais un corps peut être plus ou moins transparent ou opaque en son entier, ou composé de parties très transparentes et d'autres très opaques. Il peut être en même temps à surface plus ou moins polie ou rugueuse, ou être composé de parties très polies et d'autres très rugueuses, de sorte que les combinaisons de transparence, d'opacité et de surfaces polies et rugueuses étant à l'infini, c'est aussi à l'infini que sont les phénomènes de *transmission* et de *réflexion* de la lumière.

Sur ces lois générales viennent encore se greffer les effets des surfaces concaves ou convexes, la convergence ou la divergence des rayons : les effets de *réfraction multiple* des surfaces taillées à facettes, la théorie des prismes, etc., qui constituent la science de l'optique, dont nous ne pouvons nous occuper ici, mais que les peintres feront bien d'apprendre aussi.

Maintenant que nous savons comment de Sa Majesté le Soleil nous vient ce beau rayon, nous voudrions bien connaître ce qu'il y a dedans. Beau rayon, entrez donc dans cette chambre noire, veuillez vous donner la peine de passer par ce petit trou, et ensuite de traverser ce prisme. Là! c'est bien... voilà le beau rayon décomposé, étalé sur un écran, sous la forme d'une bande lumineuse divisée en sept couleurs distinctes : *rouge, orange, jaune, vert, bleu, outremer, violet,* et le savant narquois, qui s'apprête à le disséquer, ne lui donne déjà plus que le nom macabre : de *spectre solaire.*

Sous le scalpel de la science, ce spectre livre les secrets les plus étranges : entre autres, il révèle les procédés de l'*analyse spectrale,* grâce à laquelle on a pu se rendre compte de la composition chimique, non seulement des astres de notre système planétaire, dont la lumière nous vient en quelques minutes malgré les millions de lieues qui nous en séparent, non seulement des étoiles les plus lointaines dont la lumière met des années à nous parvenir; mais encore des nébuleuses qui, toujours plus loin, sont perdues dans l'éther à des profondeurs insondables où le calcul s'arrête, et où la pensée s'éteindrait dans la folie, si l'on n'y trouvait pas... Dieu !

A l'aide de plusieurs prismes et de plusieurs rayons décomposés, le savant, dans sa chambre noire, fait des juxtapositions et des superpositions de couleurs qui ont un grand intérêt, mais que nous ferons plus tard d'une manière plus profitable.

Il constate que tous les rayons colorés sont indécomposables, que leur réfrangibilité est croissante en la prenant de gauche à droite, et qu'ils ont chacun des longueurs d'onde différentes qui vont en diminuant depuis le rouge, où elles sont de 620 millionièmes de millimètre, jusqu'au violet, où elles ne sont plus que de 423 millionièmes de millimètre, et qu'en conséquence le nombre de leurs vibrations par seconde augmente depuis le violet, qui en a 752 trillions, jusqu'au rouge, qui n'en a plus que 514 trillions. Enfin, le savant, réunissant les sept tronçons colorés du pauvre rayon au moyen de deux prismes opposés de position, reconstitue la lumière blanche.

Beau rayon, nous savons ce que nous vou-
lions savoir : donnez-vous donc la peine de reprendre votre liberté.

Si le beau rayon parlait, il pourrait nous
dire que, depuis que le monde est monde, le
secret de la décomposition de la lumière s'offre
à tous les yeux, que les aurores, les soleils
couchants, l'arc-en-ciel, la frange irisée des
glaciers, les mille feux du diamant auraient
dû nous l'apprendre et qu'il n'était pas besoin
d'attirer un pauvre rayon dans une chambre
noire pour s'en apercevoir. En entendant ce
discours, l'homme, si fier d'être savant, serait
bien penaud de l'avoir été si tard !

Avant d'étudier les couleurs, une première
question se pose.

Pourquoi un corps est-il rouge ou jaune ou
bleu, etc.? On n'en sait rien. Mais si l'on ignore
la cause, on explique au moins l'effet de ce
phénomène.

Tous les corps ne se comportent pas de la
même façon sous l'action de la lumière qu'ils
reçoivent. Ils ont la propriété mystérieuse
d'absorber tout ou partie de cette lumière, ou

bien, après l'avoir décomposée, de n'en absorber que certains rayons colorés. Quelques corps n'ont que la faculté d'absorption, d'autres n'ont que la faculté de décomposition.

D'autres encore réunissent en différentes proportions les facultés d'absorption et de décomposition, et ce sont ces différences qui déterminent la couleur propre à chacun d'eux, car la couleur d'un corps est la sensation que produisent sur la rétine les portions de lumière qu'il n'a pas absorbées et qu'il renvoie.

Toute lumière absorbée produit de l'obscurité.

Un corps qui absorberait toute la lumière qu'il reçoit serait totalement obscur : on ne distinguerait ni ombre, ni partie éclairée.

Un corps qui n'absorberait rien de la lumière qu'il reçoit serait aussi éclatant que cette lumière; mais ces deux extrêmes ne se présentent pas dans la nature à l'état absolu.

Un corps qui absorbe une partie de la lumière et renvoie le reste est gris. Les objets les plus blancs ne sont donc que gris très clair, et les plus noirs, que gris très foncé. Cependant, la lumière que renvoie un corps gris est la même que celle renvoyée par un corps blanc : elle est seulement en moins grande quantité. Pourquoi ces deux lumières de même qualité donnent-elles des sensations différentes? C'est que, la lumière se répandant également sur tous les corps, notre œil, en comparant l'intensité lumineuse de plusieurs objets éclairés par la même lumière, sait parfaitement reconnaître la quantité que chacun d'eux en absorbe, et qu'il traduit cette quantité qui manque par une quantité égale de noir. Par conséquent, si un corps ne renvoie que la moitié de la lumière qu'il a reçue, notre œil a la sensation d'un gris composé de moitié noir et moitié blanc.

Toute lumière décomposée produit les sept rayons colorés du spectre.

Les corps qui, après avoir opéré cette décomposition, absorbent un ou plusieurs de ces rayons et renvoient les autres, sont de la couleur du rayon qu'ils renvoient, s'ils n'en renvoient qu'un seul, ou de la couleur composée par le mélange des rayons qu'ils renvoient, s'ils en renvoient plusieurs.

Exemple : Un corps qui absorbe six rayons et ne renvoie que le rouge est rouge, ainsi de suite.

Si un corps, ayant absorbé une partie de la lumière qu'il a reçue, au lieu de renvoyer le reste, le décompose, la couleur du rayon coloré ou du mélange des rayons colorés qu'il renverra sera plus ou moins assombrie, selon qu'il aura plus ou moins absorbé de lumière.

Exemple : Un corps qui absorbe la moitié de la lumière reçue, décompose le reste et n'en renvoie que le rayon rouge, donne la sensation de moitié noir et un septième de moitié rouge, c'est-à-dire un rouge sombre.

Si, au contraire, un corps renvoie une partie de la lumière reçue, et décompose le reste, la couleur du rayon coloré ou du mélange des rayons colorés qu'il renverra sera plus ou moins éclaircie, selon qu'il aura plus ou moins renvoyé de lumière.

Exemple : Un corps qui renvoie la moitié de la lumière reçue, décompose le reste et n'en renvoie que le rayon rouge, donne la sensation de moitié blanc et un septième de moitié rouge, c'est-à-dire un rose.

C'est donc, en somme, les mélanges des couleurs entre elles et la plus ou moins grande quantité de lumière ou d'obscurité qui s'y ajoute, qui donnent les millions de nuances que l'œil distingue dans la nature et dont la reproduction constitue ce que dans la peinture on nomme le coloris.

Mais les mélanges de couleurs ne donnent pas du tout les mêmes résultats si on agit avec des rayons colorés ou avec des matières colorées.

Deux rayons de la même lumière passant, l'un à travers une vitre bleue, l'autre à travers une vitre jaune, donnent, à l'endroit où ils se croisent, de la lumière blanche. Si, au contraire, les deux vitres sont placées l'une sur l'autre, la lumière transmise sera verte, et si, en pulvérisant les deux vitres, on en mélange les poudres, la lumière réfléchie sera encore verte.

Pour expliquer les raisons de ce phénomène et de beaucoup d'autres, il faudrait entrer dans des considérations scientifiques à rendre un peintre enragé. Or, comme nous n'aurons jamais à notre disposition les rayons du spectre sur notre palette, que par conséquent nous ne pouvons les utiliser, pas plus que les effets de *polarisation*, de *phosphorescence*, de *fluorescence*, etc., nous laisserons tout cela de côté pour ne nous occuper que des couleurs matérielles qui sont les seules que nous posséderons quand nous passerons de l'état de physicien à celui de simple peintre.

Ces couleurs, qui sont des matières broyées avec différentes substances se présentant sous des états plus ou moins transparents ou opaques, agissent sur l'œil par *transmission* et *réflexion* et donnent par conséquent des résultats différents selon celui de ces états dans lequel on les emploie.

En effet, si vous additionnez de blanc opaque une couleur, vous n'obtiendrez pas le même ton que si vous frottez cette couleur en couche mince sur du blanc. De même une couleur additionnée de noir opaque ne donne pas la même chose que si elle était mise en transparence sur ce noir.

De même encore, deux ou plusieurs couleurs ne font pas semblable effet si elles sont mélangées à l'état opaque ou superposées en couches translucides.

L'emploi des couleurs à des degrés d'opacité plus ou moins forte constitue ce qu'on appelle, en termes d'atelier, les *pleines pâtes* et les *demi-pâtes*, et l'emploi à différents degrés de transparence, les *frottis* et les *glacis*.

L'aspect d'une couleur change aussi selon la nature de sa surface : d'après le travail de la brosse et du pinceau, cette surface peut être rendue mate en *flochetant*, lisse en *blaireautant* ou rugueuse en *martelant;* on peut obtenir des effets de vibration en croisant les touches, etc.

En somme, un peintre qui sait son métier trouve moyen de faire prendre à ses couleurs tous les aspects qu'elles présentent dans la nature, en reconstituant sans s'en douter, comme M. Jourdain faisait de la prose, tous les phénomènes de *réfraction*, de *réflexion spéculaire* et de *réflexion diffuse* par lesquels les rayons colorés se manifestent à notre organe visuel.

Ce peintre obéit donc à des lois immuables qu'il ignore. Comment le peut-il faire? C'est que ces lois du coloris comme celles de la perspective, les peintres les avaient pressenties bien avant que la science les ait découvertes et qu'ils en ont tous, plus ou moins, l'instinct. Combien plus vite, cependant, ils posséderaient leur talent en connaissant, dès le début de leur carrière, ces lois auxquelles nul ne peut se soustraire et qu'ils n'arrivent à appliquer plus tard inconsciemment qu'après bien des tâtonnements et bien des tripotages !

Oui; mais où les apprendre?

Ce n'est pas dans les traités de physique où elles sont mêlées avec toutes les questions d'optique et de *radiations lumineuses chimiques et caloriques*. Ce n'est pas non plus dans les ouvrages spécialement écrits pour les artistes par des professeurs sérieux, mais naïfs, qui n'ont point la moindre idée de ce que c'est que la peinture.

Oh! non!

On n'oserait pas croire, sans l'avoir vu, que l'on puisse écrire les choses qu'il y a dans ces volumes-là.

Ainsi, dans le dernier paru (il est d'hier),

l'auteur nous dit : Pour faire une tête de jeune homme de race blanche, âgé de vingt et un ans (pas vingt-deux ni vingt-trois, vingt et un juste), tire-li-faut telles et telles couleurs pour le front, pour les yeux, les lèvres, les joues, etc., et il en donne la notation écrite. Il est vrai que cet auteur hilarant nous avoue que ce n'est pas lui qui l'a inventée (c'est à regretter !). Le prédécesseur avait traduit des joues de jeune homme par cette formule : ·

$$4 \text{ rouge } \tfrac{3}{10}, \ 4\text{-}5 \text{ ton.}$$

Mais le novateur apparaît, il change cette formule et il la simplifie ! Il écrit les joues de jeune homme ainsi :

$$\begin{array}{ll} \textbf{R } 1 \text{ a} & \textbf{O } i \textbf{ N } o \\ \textbf{R } 1 \text{ i} & \textbf{O } a \textbf{ N } u \end{array}$$

Ah ! quel génie !

C'est dans les ouvrages de ce genre que l'on trouve les proportions des couleurs qu'il faut mélanger pour faire : les tons des feuillages de tous les arbres, des lacs et des fleuves de l'Europe, des montagnes de la Suisse, etc.;

2.

pour imiter : l'éclat de la rose, le velouté de la pêche ou les flammes d'un foyer; pour reproduire : les teintes de la peau humaine dans toutes les races de l'univers, depuis la peau d'ébène d'un nègre africain jusqu'à la peau nacrée d'une patricienne, et en préciser toutes les nuances selon que l'on peint un poupon à la mamelle, une enfant, une jeune fille, une femme mûre ou une grand'mère. On ne donne pas la recette pour faire une femme qui cache son âge : peut-être faut-il mêler le tout ensemble?

Enfin, on vous fournit jusqu'à la couleur des passions : la pâleur mortelle, le bleu de la colère, le rouge de la honte, et l'incarnat de la pudeur! Ah! mais ça, c'est un ouvrage, savez-vous? Et ce n'est pas un pauvre artiste qui pourrait trouver ça tout seul!

Supposons maintenant qu'un élève de ce professeur fasse un tableau en suivant de point en point son programme : c'est bientôt fait. C'est d'une noble simplicité, le triomphe du ton local, le chef-d'œuvre de demain : on l'achète, on l'offre au Louvre, n'en parlons plus.

Mais si un élève sérieux était tenté d'essayer à son tour, qu'il médite d'abord les exemples suivants :

Nous prenons une boule et nous la barbouillons tout entière avec un ton quelconque, soit du vermillon. Il s'agit ensuite de la copier en peinture, pensez-vous que nous pouvons nous servir pour cela du même vermillon? Oui, mais pour une seule touche ; celle qui correspond au centre juste de la boule, car, sur tous les autres points, le ton est modifié par les jours frisants, les reflets de tous les objets voisins, l'ombre et les demi-teintes qui constituent le modelé et il nous faudra presque toutes les couleurs de la palette pour reproduire toutes ces modifications.

Maintenant, voici un tableau représentant un oranger chargé d'oranges : nous ne toucherons pas à celles-ci, mais nous assombrirons le feuillage tout autour d'elles, ainsi que le ciel et le terrain. En somme, nous faisons un effet de nuit, et les oranges, qui n'ont pas été changées de couleur, sont devenues les ballons lumineux suspendus dans les arbres les soirs de fêtes.

A présent, prenons une toile blanche, sur laquelle nous posons une touche d'un vert éclatant. Eh bien! selon ce que nous allons peindre autour, cette touche sera ce que vous voudrez qu'elle soit : une lanterne d'omnibus, dans une vue du boulevard, à la nuit tombante ; une feuille, éclairée au soleil, dans une verte tonnelle ; l'émeraude sacrée qui brille au front du dieu Bouddha, dans un temple hindou. Sans y rien changer, cette touche va perdre de son éclat et jouer le rôle d'un lézard dans la demi-teinte, au milieu des odalisques fulgurantes de Diaz et elle se perdra dans l'ombre d'un pieu, en silhouette sur le grand canal de Venise, embrasé par les feux d'un soleil couchant.

Ainsi, une couleur matérielle, placée dans un tableau qui reste éclairé par la même lumière, change de ton selon ce qui l'environne.

Delacroix disait : « Donnez-moi de la boue, j'en ferai la peau d'une Vénus, si vous me laissez la faculté de l'entourer à ma guise. »

Il en est de même dans la nature, où la couleur d'un corps peut être modifiée à l'infini par le degré d'intensité et la coloration de la lumière qu'il reçoit par les reflets ou le simple contraste des couleurs qui l'avoisinent, etc., etc.

Suivons un cardinal, habillé de rouge, qui se promène dans ses jardins. Il change de couleur à tout instant, selon qu'il reçoit les rayons aveuglants du soleil, les reflets blancs d'un nuage, ou qu'il s'enfonce dans la pénombre d'une allée couverte. Suivant qu'il se détache sur le vert intense des pelouses ensoleillées, sur le vert sombre des cyprès, sur la surface argentée d'un lac ou sur l'azur du ciel, il change encore. Il change toujours, pâlissant devant un massif de géraniums et rougissant devant le marbre des statues; il s'assombrit à mesure que le jour baisse, jusqu'à devenir d'un pourpre obscur, et c'est vêtu de noir, comme un simple prêtre, qu'il rentre en son palais aux dernières lueurs du crépuscule.

Il est encore une raison pour que la couleur d'un corps ne puisse pas se définir par une formule : c'est que tout le monde ne la voit pas de la même façon. Quoi qu'on dise : « Des goûts et des couleurs il ne faut pas discuter, » et que les dictons populaires aient toujours un fonds de vérité, cela ne serait pas une preuve suffisante ; aussi nous faut-il fournir de meilleurs arguments.

Nous avons dit que la lumière avait d'autres propriétés que celle de frapper la vue : elle développe de la chaleur et elle agit comme agent chimique. Si on promène un thermomètre sous les différents rayons colorés du spectre, on verra que la chaleur augmente à partir du violet jusqu'au rouge, et que lorsqu'on a dépassé le rouge, elle continue à augmenter, quoique dans l'ombre, jusqu'à un point culminant qui se trouve à gauche du rouge, à une distance égale à celle qui existe entre le rouge et le jaune. A partir de ce point la chaleur diminue, mais elle est encore appréciable à une distance du rouge égale à celle de l'étendue du spectre tout entier.

Quant aux actions chimiques de la lumière, il est impossible de les citer toutes. Rappelons seulement qu'elles sont la base de tous les procédés photographiques et qu'elles peuvent être d'une grande violence, puisque du chlore et de l'hydrogène, sans action l'un sur l'autre dans l'obscurité, se combinent avec explosion lorsqu'ils sont exposés au soleil.

La puissance chimique des rayons colorés du spectre, au contraire de la chaleur, augmente en allant du rouge au violet. Plus loin que les derniers rayons violets, on a fini par percevoir une autre nuance à laquelle on a donné le nom de gris-lavande, de même qu'au delà du rouge on distingue maintenant un commencement de nuance plus foncée que l'on nomme cramoisi. La vérité est donc que le *spectre solaire* s'étend depuis le point extrême où la chaleur commence à se faire sentir, jusqu'à l'autre point extrême où toute action chimique cesse; seulement il n'est sensible actuellement à notre vue que dans sa partie centrale. Nous disons : actuellement, parce que nos organes devenant sans cesse, non pas plus forts, mais plus délicats, nous voyons déjà mieux qu'autrefois, et peut-être un jour verrons-nous ce que nous ne distinguons pas encore aujourd'hui.

Avec ce raisonnement, il faudrait admettre que les premiers hommes n'avaient pas la sensation de toutes les couleurs que nous apercevons.

Eh bien ! mais pourquoi pas?

De certains érudits ont déjà essayé de prouver que les anciens peintres n'employaient ni le bleu ni le violet, et que la langue d'Homère n'a pas de mots pour traduire ces couleurs. Faut-il en déduire qu'il fut une époque où l'on ne voyait pas encore ces nuances extrêmes du spectre?

En tous cas, parmi les êtres organisés il en existe qui, doués d'un organe visuel leur donnant la sensation de la lumière, ne perçoivent cependant pas les couleurs ou n'en perçoivent que quelques-unes. De petits crustacés d'espèce particulière, dans un bocal plein d'eau, frétillent et se dirigent vers un jet de lumière qu'on leur présente quand cette lumière est d'une certaine, couleur et ne bougent pas si la lumière est autrement colorée. L'espèce humaine présente aussi des anomalies semblables. Certains individus, affectés d'une maladie de l'œil appelée daltonisme, ne distinguent pas toutes les couleurs. On a remarqué, depuis que l'on fait passer des examens aux employés de chemin de fer, combien le nombre des daltoniens est grand parmi les hommes qui se présentent. Il y en a autant en proportion parmi ceux qui ne se présentent pas. Seulement, ceux-là ne s'en doutent pas pour la plupart. Il y en a bien parmi les peintres et qui ont même beaucoup de talent.

Un d'eux, que nous avons connu étudiant, ne distinguait pas le rouge du vert. Le vermillon et le vert Véronèse ne faisaient pas de différence pour lui. Il se guidait sur l'étiquette de ses tubes, et, sachant, par ouï-dire l'usage de ces deux couleurs, il peignait tant bien que mal. Il y avait bien, de-ci, de-là, quelques touches égarées qui « gueulaient » un peu, en terme d'atelier : cela passait pour de l'originalité. Mais ayant un jour, par inadvertance, pris la palette d'un voisin qui ne rangeait pas ses couleurs dans le même ordre que lui, le pot au rose se découvrit, ou plutôt le pot au vert. Tous ceux qui l'ont vue doivent se rappeler encore cette figure académique de lutteur antique, sérieusement peinte dans tous les tons les plus verdoyants de l'épinard et du poireau. On peut se figurer l'explosion d'hilarité que cela fit parmi les camarades ; on en parla longtemps !

Le pauvre garçon, désespéré, à dater de ce jour mémorable, prit le parti de supprimer de sa palette tous les rouges et les verts brillants et il se contenta de peindre des sujets comportant peu d'effets de couleurs. Comme il dessinait très bien, avait le sentiment des valeurs très développé et sentait vivement la poésie de la nature, il n'en devint pas moins un grand peintre : seulement, jamais un tableau né sortait de son atelier sans qu'un ami sincère (mais indiscret, comme on voit) ne soit venu vérifier si aucune erreur ne s'était glissée et si les quelques rouges indispensables étaient bien à leur place.

On peut donc conclure des exemples qui précèdent que la couleur d'un corps est perpétuellement modifiée par toutes sortes de causes et n'est pas la même pour tous les yeux. Si donc des professeurs sérieux, mais naïfs, n'ayant aucune notion de la peinture (il faut le répéter), osent encore vouloir formuler les couleurs précises des objets, qu'ils soient la risée du dernier des rapins.

CHAPITRE III

Les sept couleurs que donne la décomposition de la lumière semblent se fondre les unes dans les autres d'une manière insensible ; mais un œil exercé distingue à peu près un millier de nuances dans toute l'étendue du *spectre solaire*.

On y a de plus constaté la présence de deux mille raies obscures environ, qui séparent ces nuances en parties inégales.

Tous les physiciens ne sont pas d'accord pour choisir exactement parmi ces nuances les sept couleurs normales.

L'un prend le rouge un peu plus près de l'orange, par exemple, et l'autre un peu plus loin, etc.

Cela rendrait déjà impossible l'établissement

d'un spectre normal universel. Aussi a-t-on proposé de décider, d'un commun accord, que le vrai rouge, le vrai jaune, etc., seraient entre telles et telles raies, celles-ci restant toujours à la même place. Malheureusement, si les raies sont immuables, les nuances ne le sont pas et changent selon l'intensité de la lumière qui les produit ; quand la lumière augmente, toutes les couleurs du spectre se rapprochent du centre, qui est le jaune-vert : alors le jaune devient plus jaune-vert, l'orange plus jaune, le rouge plus orange, le cramoisi plus rouge ; et de l'autre côté du centre, le vert devient plus jaune-vert, le bleu plus vert, l'outremer plus bleu, le violet plus outremer.

Par contre, à mesure que la lumière diminue, les couleurs s'éloignent du centre : le jaune devient plus orange, l'orange plus rouge, le rouge plus cramoisi, et ce dernier, marchant vers l'obscurité, s'assombrit. De l'autre côté du centre, le vert devient plus bleu, le bleu plus outremer, l'outremer plus violet, et celui-ci, marchant aussi vers l'obscurité comme le cramoisi, comme lui s'assombrit.

De sorte que, si vous avez décrété, par exemple, que le rouge vrai est entre telle et telle raie, comme il marche à droite ou à gauche selon l'intensité de la lumière, il ne restera pas toujours entre ces raies, qui, elles, ne changent pas de place. Il faudrait donc aussi établir un moyen pratique de mesurer cette intensité de la lumière, et dire : C'est à tel degré de luminosité que le spectre doit être consulté. En admettant que cela soit possible, il reste encore une objection : c'est que la lumière est différemment colorée selon la saison, le climat ou l'heure de la journée.

Il est facile de comprendre après ces explications pourquoi ceux qui ont essayé de fixer un étalon universel servant à déterminer les couleurs ont tous échoué.

Mais quand bien même on vaincrait les difficultés qui s'opposent à la réalisation de cet étalon, quels résultats pratiques en pourrait-on obtenir?

Vous demandez à un fabricant une étoffe de telle nuance de l'étalon ; mais, selon le tissu qu'il va teindre, cette nuance donnera des effets différents. Les fils de soie, de laine et de coton, ayant des surfaces plus ou moins luisantes, réfléchiront de la lumière blanche en plus ou moins grande quantité, et, selon qu'ils sont plus ou moins tordus ou tissés de diverses manières, il y aura des effets de *réflexion multiple*, qui peuvent exalter la couleur ou l'assombrir. Et si c'est un peintre qui veuille faire usage de cet étalon, quand il aura été prendre le ton normal pour accorder sa palette, à quoi cela pourra-t-il lui être utile? Puisque nous venons de voir que les couleurs matérielles dont il se sert changent de ton d'après la manière de les employer et selon ce qui les entoure; sans compter les raisons chimiques qui les peuvent encore faire varier.

Si nous nous sommes attardé à combattre cet étalon des couleurs, qui n'existe pas, c'est qu'il est, à chaque instant, proposé dans les ouvrages spéciaux toujours d'une façon inapplicable, comme, par exemple, dans un récent *répertoire chromatique,* où l'auteur donne des tables en chromotypographie dans lesquelles tous les tons correspondent à des formules écrites. Seulement, il nous prévient innocemment que ses tons ne sont pas très bien réussis et, de plus, il nous prie de tenir le livre fermé le plus possible parce que le jour détruirait les couleurs de ses planches ! Et c'est avec cela qu'il prétend déterminer enfin les couleurs d'une façon fixe et définitive.

Cela serait très égayant si tous ces volumes écrits pour les artistes ne faisaient grand tort à ceux qui les lisent. En effet, c'est du temps gâché et l'on finit par perdre le goût de s'instruire à toujours lire sans rien apprendre.

Le *spectre solaire*, comme on vient de le voir, n'a qu'un point fixe situé au jaune-vert, duquel il faut partir pour aller, à droite, jusqu'au violet, qui est la dernière couleur perceptible d'une fin qui nous échappe, et, à gauche, jusqu'à l'ultra-rouge cramoisi, qui se perd dans un commencement inconnu.

Toutes les fois que l'esprit humain cherche à pénétrer les secrets de la nature, il trouve toujours l'infini, cette éternelle espérance ! On représente l'infini par un serpent qui se mord la queue : c'est bien à tort, car cette idée d'un cercle, figure imperfectible et fermée, est plutôt l'image d'une orgueilleuse désespérance. C'est du reste un sentiment propre à l'homme, qui déclare que tout est fini là où s'arrètent ses sensations; et dans le cas qui nous occupe, la pensée devait venir à quelqu'un de considérer le *spectre solaire* comme un tout défini et d'en rattacher les deux extrémités. On n'y a pas manqué. Heureusement que, pour prouver l'inanité de cette conception, nous avons d'autres raisons que des pensées philosophiques.

D'abord, la théorie des ondes lumineuses ne permet pas de supposer que des ondes les plus courtes on puisse repasser immédiatement aux plus longues; ensuite, les lois qui régissent les mélanges des couleurs du spectre ne s'appliqueraient pas du tout, si l'on voulait mélanger les extrémités. Ainsi le violet, revenant à côté du rouge et mélangé avec lui, ne donne pas la nuance du cramoisi dans laquelle celui-ci prend naissance.

Il est certain que c'est bien désillusionnant de renoncer à cette théorie des couleurs arrangées en cercle : c'était si commode. Mais à quoi bon s'entêter dans une idée fausse? C'est comme les trois couleurs mères qui engendraient toutes les autres.. Encore une erreur dont il faut revenir. On fait bien, en effet, du vert avec du jaune et du bleu, de l'orange avec du jaune et du rouge, et du violet avec du rouge et du bleu; mais ce vert, cet orange et ce violet sont obscurcis, par un phénomène d'*interférence* trop long à expliquer ici. Il faudrait alors salir les couleurs mères pour les remettre d'accord avec les couleurs composées, et se contenter d'une palette rabattue dans laquelle on n'aurait pas du tout le cramoisi, qui est cependant dans la nature et dont les peintres ne peuvent se passer s'ils veulent reproduire tout ce qu'ils voient.

Ayant expliqué pourquoi il faut renoncer, au point de vue de la peinture, à étudier les mélanges des rayons colorés eux-mêmes, nous allons donc commencer par les traduire en substances palpables et copier le *spectre solaire* avec les couleurs matérielles qui sont à notre disposition. Laissant de côté toutes les expériences scientifiques, nous réunirons les phénomènes que produisent les mélanges de ces couleurs, leurs superpositions et leurs contrastes sous le nom général de *lois du coloris.*

LES LOIS DU COLORIS

MÉLANGES DES COULEURS OPAQUES

Les couleurs préparées à un égal degré d'opacité et d'intensité lumineuse seront rangées sur une palette noire dans l'ordre du spectre. Certaines coïncidences mathématiques qui se rencontrent dans les mélanges des couleurs pouvant faciliter nos études, celles-ci sont numérotées de façon à distinguer tout de suite les numéros impairs des numéros pairs, et le point fixe au jaune-vert est marqué d'une croix; de plus, chaque espace entre deux couleurs représentant les nuances intermédiaires est séparé en cinq intervalles égaux qui divisent le spectre en trente-sept degrés. On pourrait subdiviser encore les nuances, puisque l'œil en perçoit un millier, mais cela serait inutile pour notre démonstration. A gauche et à droite, le cramoisi et le violet occupent le degré n° 3 des nuances intermédiaires entre les couleurs extrèmes et l'inconnu.

Cramoisi......

ROUGE......   1 impaire.

Rouge-orange...

ORANGE.....   2 paire.

Jaune-orange....

JAUNE......   3 impaire.

Jaune-vert.....   point fixe.

VERT......   4 paire.

Bleu-vert......

BLEU.....   5 impaire.

Bleu-outremer...

OUTREMER...   6 paire.

Violet.......

NOTA. — On fera bien de copier cette liste sur une feuille volante pour l'avoir toujours sous les yeux en lisant ce qui s'y rapporte.

LES MÉLANGES DE DEUX COULEURS

1° Lorsque deux couleurs se touchent, leur mélange, en toutes proportions, produit les nuances intermédiaires avec toute leur intensité lumineuse et colorante.

Exemple : Rouge et orange produisent toutes les nuances de rouge-orange et d'orange-rouge ; bleu et vert, toutes les nuances de vert-bleu et de bleu-vert, etc.

2° Le mélange en parties égales de deux couleurs impaires séparées par une seule autre produit la couleur qui les sépare, mais avec moins d'intensité colorante.

Exemple : rouge et jaune produisent un orange plus gris que l'orange normal, jaune et bleu, un vert plus gris que le vert normal.

3° Le mélange, en parties égales de deux couleurs paires séparées par une seule autre produit un gris qui se rapproche un peu de la couleur qui les sépare.

Exemple : Orange et vert produisent un gris jaunâtre, vert et outremer un gris bleuâtre, etc.

4° Le mélange en parties égales de deux couleurs séparées par deux autres, qui par conséquent est toujours le mélange d'une couleur impaire et d'une couleur paire, produit un gris qui se rapproche de la couleur impaire.

Exemple : Rouge et vert produisent un gris rougeâtre; orange et bleu, un gris bleuâtre; jaune et outremer, un gris jaunâtre, etc.

Mais si l'on double la quantité de la couleur paire, c'est-à-dire dans la proportion de couleur impaire 1/3, couleur paire 2/3, on obtient le gris parfait qui correspond au mélange du blanc et du noir.

Dans cette proportion, les couleurs paires et impaires sont ce qu'on appelle complémentaires. Une couleur impaire a donc toujours pour complémentaire une couleur paire et *vice versa.* Le moyen le plus simple de trouver tout de suite la complémentaire d'une couleur, c'est d'ajouter le nombre 3 au numéro qu'elle porte dans le spectre jusqu'au vert, et, à partir du vert, de retrancher au contraire ce nombre 3.

Exemple :

La complémentaire

Numéros.

du rouge	1	est 1 + 3 = 4 vert.
de l'orange	2	est 2 + 3 = 5 bleu.
du jaune	3	est 3 + 3 = 6 outremer.
du vert	4	est 4 — 3 = 1 rouge.
du bleu	5	est 5 — 3 = 2 orange.
de l'outremer	6	est 6 — 3 = 3 jaune.

Pour trouver la complémentaire d'une nuance intermédiaire, on calcule de la même façon que pour les couleurs dont elle est le plus voisine, en s'éloignant de la complémentaire trouvée, du même nombre de degrés.

Exemple : Pour trouver la complémentaire du cramoisi, nous chercherons celle de la couleur la plus voisine : celle-ci est le rouge dont la complémentaire est le vert. Comme le cramoisi est de trois degrés à gauche du rouge, sa complémentaire sera de trois degrés à gauche du vert, c'est-à-dire le jaune-vert ; le violet se trouvant à trois degrés à droite de l'outremer, sa complémentaire sera de trois degrés à droite de la complémentaire de celui-ci, qui est le jaune : ce sera donc aussi le jaune-vert. Les deux extrémités ont donc pour complémentaire le point fixe — qui est le centre. — Si nous cherchons la complémentaire de la nuance rouge orangée placée au premier degré après le rouge, nous la trouvons au premier degré après le vert; et ainsi de suite.

LES MÉLANGES DE TROIS COULEURS

1° Le mélange en parties égales de trois couleurs qui se suivent, dont deux sont impaires et une paire, produit cette couleur paire avec moins d'intensité colorante.

Exemple : Rouge, orange et jaune produisent un orange plus gris que l'orange normal, mais cependant moins gris que celui produit par le mélange de rouge et jaune; jaune, vert et bleu produisent un vert plus gris que le vert normal, mais moins que celui produit par le mélange de jaune et bleu, etc.

2° Le mélange en parties égales de trois couleurs qui se suivent, dont deux sont paires et une impaire, produit un gris qui se rapproche de la couleur impaire.

Exemple : Orange, jaune et vert produisent

un gris jaunâtre; vert, bleu et outremer, un gris bleuâtre, etc.

3° Le mélange en parties égales de trois couleurs impaires produit le gris parfait.

4° Le mélange des trois couleurs paires produit aussi le gris parfait.

Il est bien entendu que les résultats obtenus par les mélanges en parties égales seraient influencés du côté de la couleur dont on augmenterait la proportion : ainsi, du rouge et du jaune, qui, en parties égales, produisent un orange, produiraient un orange-rouge si on augmentait la proportion de rouge, et un orange-jaune si on augmentait la proportion de jaune. Quant à toutes les autres combinaisons de couleurs en dehors de celles spécifiées ci-dessus, elles donnent des gris plus ou moins colorés.

DE LA SUPERPOSITION DES COULEURS

Lorsqu'on superpose une couleur transparente sur du blanc en couche assez mince pour que ce blanc du dessous ait de l'influence, c'est comme si on mettait de la lumière derrière cette couleur, qui nous est alors transmise par *transparence*, au lieu de l'être par *réflexion diffuse* comme lorsqu'elle est opaque. Les effets que l'on obtient par la superposition des couleurs sont donc d'autant plus parfaits que les couleurs employées sont plus transparentes.

Laissant de côté celles qui viennent de nous servir, ainsi que la palette noire, nous copierons de nouveau le spectre; mais, cette fois, sur une palette blanche et avec des couleurs que nous rendrons toutes également transparentes avec plus ou moins de vernis en leur laissant leur égale intensité colorante. Quant à l'intensité lumineuse, la lumière venant par-dessous, produite par le blanc de la palette, elle est parfaitement régulière pour des couches de semblable épaisseur.

La première observation qui va nous frapper, c'est que par ce nouveau moyen nous obtenons une intensité colorante beaucoup plus grande pour la même intensité lumineuse : c'est-à-dire que, lorsque avec les couleurs opaques nous voulons avoir, par exemple, un rouge très éclairé, il nous faut y ajouter tant de blanc que nous arrivons à un rose pâle où la sensation du rouge est presque disparue, tandis qu'en transparence, nous obtenons, au même degré de lumière, un rose beaucoup plus vif dans lequel la sensation du rouge est encore très sensible.

Un autre exemple aidera encore à bien saisir cette différence.

Étant donné le rouge le plus intense que vous puissiez faire avec de la couleur opaque, vous aurez beau en ajouter par-dessus, vous ne le rendrez pas plus intense; mais en superposant, en glacis, un rouge transparent, vous en augmenterez considérablement l'intensité colorante sans en diminuer l'intensité lumineuse.

SUPERPOSITION DES COULEURS TRANSPARENTES
SUR LE BLANC ET LE NOIR

Sur le blanc, une couleur superposée augmente d'intensité lumineuse à mesure qu'elle est en couches de plus en plus minces; mais elle se rapproche du point fixe du spectre, c'est-à-dire du jaune-vert, selon la loi que nous avons déjà reconnue.

Exemple. — En couches de plus en plus minces :

	le jaune devient de plus en plus jaune-vert.
A gauche du point fixe :	l'orangé — — — jaune.
	le rouge — — — orange.
	le cramoisi — — — rouge.
	le vert devient de plus en plus jaune-vert.
A droite du point fixe :	le bleu — — — vert.
	l'outremer — — — bleu.
	le violet — — — outremer.

Par contre, si on augmente l'épaisseur des couches à partir du point où les couleurs sont à leur plus grand degré d'intensité colorante, celles-ci s'éloignent du point fixe, c'est-à-dire du jaune-vert, l'intensité lumineuse diminuant.

Exemple. — En couches de plus en plus épaisses :

	le jaune devient de plus en plus orange.
A gauche du point fixe :	l'orange — — — rouge.
	le rouge — — — cramoisi.

Et comme après le cramoisi c'est l'obscurité, celui-ci s'assombrit :

<table>
<tr><td rowspan="3">A droite du point fixe :</td><td>le vert devient de plus en plus bleu.</td></tr>
<tr><td>le bleu —   —   — outremer.</td></tr>
<tr><td>l'outremer   —   — violet.</td></tr>
</table>

Et le violet, marchant aussi vers l'obscurité comme le cramoisi, comme lui s'assombrit. Sur le noir, s'il était absolu, une couleur transparente ne se verrait pas. Par cela même qu'elle est transparente, elle ne réfléchit pas la lumière qui la frappe ; elle ne peut que transmettre celle qui vient derrière elle : or, s'il n'y a que l'obscurité, elle ne peut rien transmettre. Mais, nous l'avons vu plus haut, il n'y a pas dans la nature de corps qui soient d'un noir absolu.

Si l'on divise en cent parties la quantité de lumière qui frappe sur un écran noir, celui-ci en réfléchit environ cinq parties ; cette petite quantité suffit néanmoins à rendre sensible la couleur transparente qu'on superpose sur du noir : les effets seront donc les mêmes que sur du blanc, mais considérablement obscurcis. En superposant les couleurs transparentes sur des gris de plus en plus clairs, on verra les résultats de cette loi s'accentuer à mesure que les gammes s'éclairciront.

SUPERPOSITION DES COULEURS TRANSPARENTES LES UNES SUR LES AUTRES.

Lorsqu'on superpose une couleur transparente sur une autre, il y a mélanges par transparence et ces mélanges suivent les mêmes lois que pour les mélanges des couleurs opaques. Si les couleurs du dessous contiennent du blanc ou du noir, il s'y ajoute les résultats que donnent les superpositions sur blanc et noir que nous venons d'étudier.

SUPERPOSITION DES COULEURS TRANSLUCIDES.

Il existe des corps composés de parcelles minuscules opaques en suspension dans un milieu transparent gazeux liquide ou solide, comme les nuées de poussière et la fumée, le lait et la colle de pâte, la nacre, l'opale et l'écaille, etc., — ou composés des gouttelettes imperceptibles d'un liquide en suspension dans un milieu transparent liquide aussi, mais de densité différente, comme toutes les émulsions, ou dans un milieu gazeux, comme toutes les vapeurs dans l'air, brume, rosée, brouillard, etc.

Ces corps, que l'on nomme translucides, réunissant les propriétés de la transparence et de l'opacité, transmettent donc une partie de la lumière qu'ils reçoivent et en réfléchissent une partie ; mais la partie qu'ils transmettent prend une teinte plus orange, et la partie qu'ils réfléchissent, une teinte plus bleue. Ces deux couleurs, orange et bleue, vers lesquelles vont la lumière transmise et la lumière réfléchie par les corps translucides, sont placées dans le spectre, juste au centre de chacune des moitiés que sépare le point fixe.

Exemples : La fumée s'échappant de la cheminée d'une chaumière est bleuâtre sur le vert sombre des arbres, parce que, n'ayant pas de lumière par derrière à transmettre, nous ne voyons que la lumière réfléchie ; mais la même fumée paraît rousse aussitôt qu'elle se détache sur le ciel lumineux, nous la voyons alors par transparence.

Un verre de lait vu en transparence est orange; mais si on répand de ce lait sur la table foncée, il est bleuâtre, parce qu'alors on ne le voit plus que par *réflexion*.

L'air lui-même, tenant en suspension des corpuscules solides, subit cette loi des corps translucides. Le ciel est bleu parce que, l'atmosphère terrestre, ne pouvant rien transmettre des ténèbres infinies qui s'étendent au delà de lui, réfléchit la lumière du soleil. Mais quand on se retourne du côté de celui-ci, l'atmosphère, nous transmettant sa lumière par transparence, n'est plus bleue, et à mesure que l'astre radieux descend vers l'horizon, ses rayons, traversant les couches translucides des brumes qui s'élèvent de terre, nous sont transmis de plus en plus orange suivant que ces brumes sont de plus en plus épaisses; et tout à fait à l'approche de la nuit, quand l'intensité lumineuse diminue, l'orange, suivant les lois que nous avons expliquées, marche vers le cramoisi qui est la dernière teinte du soleil couchant avant l'obscurité.

Ce sont aussi les mêmes causes qui font paraître le soleil comme un énorme boulet incandescent pendant les jours de brouillard.

Ainsi s'explique encore la couleur bleue que prend la peau sur le passage des veines, la teinte bleuâtre du blanc de l'œil, etc.

Les peintres qui, sans souvent connaître les causes des phénomènes de la nature, les ont néanmoins tous observés, ont depuis longtemps traduit instinctivement cette loi des corps translucides en séparant leurs couleurs en deux classes : les tons chauds et les tons froids. Les tons chauds correspondent à toute la partie du spectre, à gauche du point fixe, dont le centre est l'orange; les tons froids, à toute la partie du spectre à droite du point fixe, dont le centre est le bleu.

En disant, des feuilles vertes des plantes éclairées en transparence, qu'elles sont d'un vert chaud, et de celles éclairées par-dessus qu'elles sont d'un vert froid, les peintres disent donc la vérité.

Il n'en est pas de même des poètes. Il leur faudrait supprimer ces fameuses phrases toutes faites : le soleil doré du Midi, les ciels empourprés de l'Orient, etc. Au contraire, plus le soleil est près du zénith, plus sa lumière est blanche et crue, et plus on descend vers les régions du Sud, plus l'atmosphère étant moins chargée de vapeurs, plus le ciel est bleu et la lumière intense et blafarde. Il faut aller dans le Nord, aux pays des brouillards, pour trouver les chaudes colorations, les reflets d'or et les rayons de pourpre.

Du reste, n'en déplaise encore à certains littérateurs, c'est là, en Hollande, en Flandre, en Angleterre, à Paris qu'ont vécu les plus grands coloristes. En Italie, on en trouve déjà beaucoup moins, sauf à Venise — qui est un pays brumeux. Si l'on descend plus bas vers l'Orient, on ne trouve même plus de peintres.

Quand on ajoute aux couleurs matérielles opaques un liquide transparent, comme du vernis, ou qu'on les emploie en couches minces, on les rend translucides et elles produisent les résultats que nous venons de décrire. Frottées sur des tons sombres, elles se rapprochent du bleu et deviennent plus froides. Frottées sur des tons clairs, elles se rapprochent de l'orange et deviennent plus chaudes.

Une couleur tout à fait opaque ne devrait avoir aucune transparence, même en couche excessivement mince, et une couleur transparente devrait toujours l'être, même en couche excessivement épaisse. Or, comme il n'y a ni opacité ni transparence absolue dans la nature, et que de plus l'huile ou tout autre gluten qui sont nécessaires rendent les couleurs pour la peinture plus ou moins translucides, l'opacité que nous en obtenons n'est que relative et c'est par le plus ou moins d'épaisseur de la touche que nous rendons cette qualité plus sensible. Quant à la transparence, nous pouvons, à l'aide des vernis, y arriver plus complètement ; mais nous ne disposons pas, pour éclairer nos couleurs opaques par devant et nos couleurs transparentes par derrière, de la lumière au plus grand degré d'intensité qu'elle atteint dans la nature.

Pour rendre un linge blanc éclairé par le

soleil, nous devons nous contenter de la lumière diffuse d'un atelier ou d'un musée réfléchie par notre blanc à l'huile ou notre papier, si c'est à l'aquarelle que nous peignons : et ce blanc absorbe déjà une grande partie de lumière, car il ne réfléchit que 40 p. 100 de celle qu'il reçoit.

Pour représenter un vitrail éclairé en transparence par le soleil, nous n'avons toujours à mettre comme lumière derrière nos couleurs que ces mêmes blancs atténués. Du côté de l'obscurité nous sommes limités aussi, n'ayant que du noir qui réfléchit 5 p. 100 de la lumière qu'il reçoit, et qui, par conséquent, est déjà du gris par rapport à un trou absolument obscur. Si cependant les peintres de talent arrivent à donner l'illusion de la vérité avec ces moyens restreints, ce n'est qu'en usant de subterfuges, en exagérant les oppositions, en sacrifiant certaines parties et en exaltant certaines autres qu'ils peuvent s'en tirer. En somme, tout l'art de la peinture est là, et l'art ne s'apprend pas dans un livre ; mais ce que l'on y peut apprendre, c'est la loi du contraste des couleurs, dont on peut tirer grand parti.

LE CONTRASTE DES COULEURS
PAR JUXTAPOSITION
CONTRASTE DU NOIR ET DU BLANC

Le blanc, placé à côté du noir, fait paraître celui-ci plus noir, tandis que lui paraît plus blanc ; mais cet effet se produit de plus en plus fortement que les deux tons sont plus rapprochés. Par conséquent, lorsqu'une bande blanche et une bande noire se touchent, la partie de la bande blanche qui confine au noir, paraissant plus blanche que le reste de la bande, celle-ci semblera modelée comme un bâton blanc ; de même la partie de la bande noire qui confine au blanc, paraissant plus noire que le reste, fera l'effet d'un bâton noir. Une succession de bandes grises et blanches alternées côte à côte donnerait l'illusion d'un pilastre can-nelé.

Ceci, s'appliquant à toutes les couleurs qui sont d'intensités lumineuses différentes, se

produira chaque fois que deux tons contien-
dront plus ou moins de blanc ou de noir l'un
que l'autre.

CONTRASTE DES COULEURS JUXTAPOSÉES

1° Lorsque deux couleurs, qui se suivent
dans l'ordre du spectre, sont placées côte à
côte, elles prennent de plus en plus, à mesure
qu'elles se rapprochent l'une de l'autre, l'aspect de la couleur qui les précède ou qui les suit.

Exemple : Rouge et orange ; le rouge qui
touche à l'orange se rapproche de la couleur
cramoisi qui le précède ; l'orange qui touche
au rouge se rapproche de la couleur jaune qui
le suit. Le jaune à côté du vert devient plus
orange, le vert à côté du jaune plus bleu ; le
bleu à côté de l'outremer devient plus vert,
l'outremer à côté du bleu plus violet, le violet
à côté du cramoisi plus outremer, le cramoisi
à côté du violet plus rouge, etc.

2° Lorsque deux couleurs séparées par une
autre, dans l'ordre du spectre, sont juxtaposées, ce sont encore les mêmes résultats.

4.

Exemple : Rouge à côté du jaune devient plus cramoisi, jaune à côté du rouge plus vert, etc.

3° Lorsque deux couleurs sont séparées par deux autres, dans l'ordre du spectre, elles sont, comme nous l'avons dit, complémentaires ; alors elles ne changent pas lorsqu'elles sont juxtaposées, mais elles s'exaltent.

Exemple : Rouge à côté du vert augmente d'intensité, il paraît rouge plus vif ; vert à côté du rouge paraît vert plus vif, de même pour toutes les couleurs avec leurs complémentaires.

4° Lorsque deux couleurs séparées par plus de deux autres, dans l'ordre du spectre, sont juxtaposées, elles se rapprochent chacune de la complémentaire de l'autre.

Exemple : Rouge à côté du bleu se rapproche de l'orange, complémentaire du bleu, il devient plus orange ; le bleu à côté du rouge se rapproche du vert, complémentaire du rouge, il devient plus vert.

Le rouge et outremer. Le rouge à côté de l'outremer se rapproche du jaune, complémentaire de l'outremer, il devient plus orange ;

l'outremer à côté du bleu se rapproche du vert, complémentaire du rouge, il devient plus bleu.

L'orange et outremer. L'orange à côté de l'outremer se rapproche du jaune, complémentaire de l'outremer, il devient plus jaune ; l'outremer à côté de l'orange se rapproche du bleu, complémentaire de l'orange, il devient plus bleu, etc.

Après ces explications, il est facile de comprendre comment on peut modifier l'aspect d'une couleur sans la changer.

Lorsque vous aurez épuisé toutes les ressources de la palette pour rendre une couleur intense, vous pourrez encore augmenter son éclat en l'entourant adroitement d'objets de sa couleur complémentaire ; si, au contraire, vous trouvez qu'une couleur est trop prononcée, vous pouvez l'atténuer en l'entourant d'objets de la même couleur, plus intense.

Exemple : Une draperie orange sera rendue plus orange encore, entourée de tons bleus ; un rouge entouré de tons verts paraîtra plus rouge, etc. Un portrait dont les carnations sont un peu trop rouges, mais auxquelles on ne veut pas toucher, reprendra un aspect normal avec un fond rouge; s'il est trop pâle, il deviendra plus rose avec un fond vert, etc.

N'ayant pas sur notre palette les intensités lumineuses et colorantes dont dispose la nature, nous sommes obligés, pour imiter les phénomènes qui s'y produisent, de les exagérer : c'est pour cela qu'il fallait les connaître.

Reprenons l'exemple de tout à l'heure, où nous avons vu que la fumée d'une chaumière paraissait bleuâtre, sur le fond sombre des arbres et rousse sur le ciel. Si, après avoir peint ces arbres et ce ciel, nous frottons un ton uniforme pour représenter la fumée, nous n'obtiendrons pas le même résultat que dans la réalité. Notre ciel à nous n'a pas l'intensité lumineuse du vrai, et, pour en donner l'illusion, nous avons exagéré le foncé des arbres : il nous faut donc aussi exagérer le ton de la fumée en bleu sur les arbres, et en orange sur le ciel.

Si nous peignons d'après nature cette fumée, nous ferons cette exagération instinctivement ; mais si la chaumière ne fume pas ce jour-là et que nous ignorions ces lois, il est plus que probable que nous peindrons de chic une fumée fausse de ton.

En somme, ce que nous voudrions faire bien comprendre, c'est que la connaissance des lois du coloris facilite le travail du peintre, en ce sens qu'elle lui permet de se rendre compte des causes qui produisent les différents effets que font les couleurs dans la nature, de même qu'on dessine plus facilement quand on sait la perspective et l'anatomie.

CHAPITRE IV

CHEZ LES SAVANTS

Les lois du coloris, telles qu'elles sont formulées dans le chapitre précédent, réunissent à peu près les résultats de toutes les découvertes faites jusqu'à ce jour, mais présentées d'une façon plus compréhensible pour les peintres ; car les physiciens s'étaient plutôt attachés à les appliquer à l'étude des rayons colorés qu'à celle des matières colorantes.

Cette théorie n'a donc de nouveau que la forme sous laquelle elle est émise : règle sans exception, absolument démontrée, universellement contrôlée et reconnue, elle est enfin la vérité.

Quant à en expliquer le pourquoi, c'est une

autre affaire : on n'est plus du tout d'accord sur ce sujet dans le monde des savants, et lorsque les savants ne s'entendent pas, le commun des mortels est bien embarrassé pour se faire une opinion.

Le mieux serait d'attendre, mais on est impatient parmi les peintres de connaître ce qui se cache au fond de ce mystère, d'autant plus qu'on nous allèche par des traités d'harmonie de couleurs avec lesquels tout le monde peut (du moins le promet-on dans les préfaces) devenir instantanément un grand coloriste. C'est bien tentant. Si donc quelqu'un était sur le point de se plonger dans la fournaise, qu'il écoute d'abord ceci.

Un jeune peintre, anxieux de savoir le pourquoi de toutes choses, rôdait sans cesse autour du domaine de la science, ce bois sacré où les savants pontifes cachent aux regards profanes les secrets qu'ils dérobent à la nature. Un jour le jeune peintre finit par pénétrer dans le mystérieux sanctuaire, et il vit aussitôt venir à lui un vieillard de haute stature, au regard vif et rusé. Ce grave personnage portait, enroulés sur un bras, des écheveaux de laines de toutes nuances, et, de l'autre main, tenait un disque, divisé comme une galette en parts de toutes les couleurs de l'arc-en-ciel; il dit d'une voix forte :

« Jeune homme, le doyen des étudiants, aujourd'hui centenaire, vous souhaite la bienvenue, et connaissant le but de votre visite, il vous félicite d'avoir rencontré de suite le meilleur guide que vous puissiez suivre.

« Mon système est une merveille, il explique tout, il remplace tout; plus de ces expressions surannées dont on qualifiait les couleurs; on ne dira plus : *gris-tourterelle, rose cuisse de nymphe émue, feuille-morte* ou *caca-Dauphin;* mais, par exemple pour ce cas, quinzième ton de la gamme jaune rabattu, septième, huitième ou neuvième nuance, selon que le *caca-Dauphin* sera plus ou moins verdâtre.

— Oui, pensa le jeune homme *in petto*, selon la santé du prince.

— Et voyez comme c'est simple, continua le vieillard, en montrant son disque : vous cherchez la complémentaire d'une couleur? tout droit au point opposé en suivant le diamètre, pas d'erreur possible, l'harmonie obligatoire pour tous.

« Je réglemente la toilette des dames, les uniformes militaires, la disposition des fleurs dans un jardin et sur la salade, je régénère l'art du tapissier, du vitrier, du peintre et du décorateur.

« Ah! ce cercle chromatique est une œuvre de génie ! Et remarquez bien, jeune homme, qu'en écrivant sur ces matières un volume de 730 pages, je n'ai rien fait à la légère ; je vous le dis dans ma préface ; j'ai soumis chaque expérience à mes élèves, à mes amis, et ce n'est pas le jugement de mes propres yeux que j'ai inscrit, mais la moyenne des jugements de plusieurs.

— Pardon, insinua le jeune peintre. vous semblez avouer par là que vos arrangements de couleurs peuvent ne pas faire le même effet à tout le monde : alors votre système universel cesserait...

— Un instant, jeune homme, n'essayez pas de me faire dire ce que je pense, à mon âge on n'avoue plus! Il faut admettre que mon système est applicable à tout le monde, sans quoi il ne servirait plus à personne ; de même qu'il faut admettre cette hypothèse, sur laquelle il est bâti, de trois couleurs simples, *rouge*, *jaune* et *bleu*, et de trois couleurs composées par les mélanges de couleurs simples, *orange*, *vert* et *violet* : autrement, je ne peux plus diviser mon cercle en parties correspondantes, rien ne concorde plus, c'est la confusion, le gâchis... si vous préférez le gâchis?

— Non, non! seulement, vous supprimez une des couleurs du spectre.

— Laquelle, s'il vous plaît?

— Dame! l'outremer, il me semble.

— Vous dites l'outremer? Ah oui! ce que, de mon temps, nous appelions l'indigo : vous voyez, il a même déjà changé de nom! Mais ce n'est pas une couleur sérieuse. C'est un bâtard de bleu et de violet, le favori des blanchisseuses, en tout cas, plus qu'un inutile, un intrus, un gêneur.

« Non, mais le voyez-vous dans mon cercle? Un empêcheur de s'arranger en rond! Autant rengainer mon disque tout de suite et rendre les Gobelins à Louis XIV ! » Le noble vieillard, visiblement froissé, jeta, en s'éloignant, ces dernières paroles : « Jeune présomptueux, du moment que vous défendez l'indigo, vous pouvez choisir un autre guide. »

En effet, le jeune peintre, en se retournant, se trouva devant deux autres personnages.

« Je vous présente le célèbre Thomas Young, le précurseur que je suis fier d'avoir suivi, dit l'un des deux en montrant son confrère ; la première moitié de notre gloire commune.

— Et moi, dit l'autre, je vous présente à mon tour le célèbre Helmholtz, mon digne successeur, la seconde moitié. — Eh bien, jeune homme, vous n'adoptez donc pas l'hypothèse de cet entêté séculaire ?

— Oh ! interrompit le digne successeur, on devrait, dans ce cas, écrire *hippothèse* avec un *i* et deux *p*, car c'est un vrai dada. »

A ce bon mot scientifique, les deux savants eurent ensemble chacun un demi-sourire.

« Notre système, reprit le célèbre Thomas,

explique tout, il remplace tout! Nos trois couleurs fondamentales.....

— Ah! vous avez aussi trois couleurs?

— Oui, mais ce ne sont pas les mêmes ; les
nôtres sont : le rouge, le vert et le violet. Nous
supposons la rétine composée de fibrilles nerveuses réunies par trois, et nous supposons
que chacune des trois est sensible à l'une de
nos trois couleurs.

— Ah! vous supposez aussi! » soupira le
jeune peintre.

Mais le « digne successeur », qui comprit sa
pensée, ajouta finement : « Remarquez que
les suppositions, c'est Thomas qui les avait
faites depuis longtemps ; je n'ai donc rien eu à
supposer quand j'ai présenté la théorie qui fait
la gloire que nous partageons. Quand vous
aurez lu nos ouvrages, vous serez doublement
convaincu. » Et les deux savants prirent congé
du jeune peintre, en lui serrant cordialement
les deux mains, chacun une.

L'apprenti savant, un peu découragé par ce
début, ne chercha plus d'autres guides et prit
le parti de se diriger seul dans le mystérieux

labyrinthe, écoutant de-ci, de-là, tantôt les plaidoyers de David Browster, le défenseur intrépide des trois couleurs mères, et de J.-J. Muller et Maxwell, les disciples de Thomas Young; tantôt les théories nouvelles : de la rétine contenant trois substances visuelles avec six sensations fondamentales, ou bien celle où les ondes donneraient naissance dans la rétine à des composés différents, selon leurs longueurs; parfois aussi, les élucubrations fantaisistes des cerveaux détraqués, les règles de la musique appliquées à la peinture, le diapason chromique, le chromomètre, etc.; enfin les lamentations des oubliés et des délaissés, tels que Würnsts qui se prétend le père de la théorie de Young, et ce pauvre Newton qui ne peut pardonner qu'on lui ait chipé son disque : « Je l'avais inventé avant lui, dit-il souvent avec amertume; seulement moi, je n'en ai pas fait un tam-tam pour attirer les badauds ! »

Bref, quand notre jeune peintre sortit du domaine de la science, ses cheveux étaient gris et il avait dépassé la cinquantaine. Le bon sens l'attendait à la porte.

« Enfin te voilà! s'écria-t-il (le bon sens est un compagnon d'enfance que l'on perd souvent de vue dans la vie, mais qui vous tutoie toujours). As-tu pour le moins adopté un système?

— Non.

— Tant mieux !

— Oui, mais j'en ai fait un !

— Diable !

— Oh ! ne ris pas, mon système est merveilleux, il explique tout, il remplace tout. En voici le principe : les corps, quels qu'ils soient, absorbent la lumière qu'ils reçoivent, jusqu'à un point variable pour chacun d'eux, où ils en sont saturés ; alors seulement ils commencent à la décomposer dans une certaine proportion encore variable et enfin, lorsqu'ils ne peuvent plus ni absorber ; ni décomposer la lumière, ils la renvoient avec les rayons colorés qu'ils n'ont pas absorbés.

— Très bien ! ça n'est pas plus bête qu'autre chose ; mais en es-tu bien sûr ?

— Dame ! je le suppose ; si on n'admet pas mon hypothèse, mon système n'existe plus. »

Alors, le bon sens se mit à rire et le rire du bon sens est terrible.

« Comment? reprit-il, tu trouves tous les systèmes mauvais parce qu'ils s'appuient sur des suppositions, et pour les remplacer tu en inventes un de plus, dans les mêmes conditions. Il faut soigner cela, il n'est que temps !

— Alors, si mon système n'est pas bon, que vais-je dire à mes confrères qui ont la naïveté d'attendre mes révélations?

— La vérité.

— La vérité! Il faudra donc leur dire qu'en fait d'harmonie des couleurs, il n'y a pas de règle absolue?

— Parfaitement.

— Qu'en dehors des lois élémentaires du coloris, il n'y a rien d'applicable pour nous dans toutes les théories connues jusqu'à ce jour?

— C'est cela.

— Que les peintres ne doivent prendre conseil que de la nature et, pour arriver à la mieux comprendre, étudier la façon dont les maîtres l'ont interprétée?

— A merveille !

— Alors, il faut leur dire aussi qu'il y a eu des magiciens appelés Véronèse, Rubens, Delacroix, et combien d'autres encore, qui en savaient plus en fait de coloris qu'aucun savant du monde, car ils ont avec leurs couleurs créé un langage qui parle à l'âme, qui communique l'émotion et la vie, bien avant que la science se soit seulement doutée que les rayons colorés avaient de l'influence sur le cerveau.

— Bravo ! La voilà, la vérité !

— Si c'est ainsi, autant avouer tout de suite aux confrères, que je pensais étonner par mon savoir, que tout ce que je leur rapporte de mon voyage chez les savants se borne à ce conseil : Ne faites pas comme moi, ne perdez pas votre temps à la recherche de ce qui n'existe pas !

— Eh bien ! mais avoue-le sans rougir, à ton âge on peut encore avouer ; ce conseil a son prix, quand il ne servirait qu'à éviter à d'autres les tourments que tu t'es donnés, et cela rachète un peu le vent de pédantisme dont je t'ai vu gonflé tout à l'heure. Le pédant, vois-tu, est haïssable parce qu'il manque de charité. Il pense dans son égoïsme vaniteux : « J'ai pâli sur des volumes, j'ai fouillé dans les dictionnaires, j'ai griffonné des notes, j'ai disséqué, analysé, et cela pendant des années, pour découvrir enfin quelque chose ; et ce quelque chose, j'irais le dire en deux mots, à d'autres, qui le sauraient ainsi sans peine. Ah ! mais non, qu'ils apprennent d'abord à comprendre le noble argot de la science, car je ne parle pas une langue compréhensible au vulgaire : j'appelle une couleur un pigment, un cornet de papier, un cône hélicé, et le bon Dieu, Adonaï, architype ou Demogorgon ! Ensuite les néophytes avaleront mes préfaces, le récit de mes théories avortées, mes réfutations à mes adversaires. Je poserai des problèmes, sans en donner la solution, je développerai des hypothèses que je détruirai ensuite, je sèmerai des citations latines ou grecques sans traductions, des notes archéologiques avec pièces à l'appui, etc., etc., et je ne donnerai la substance utile que petit à petit, par morceaux. Si je vois jamais un confrère s'engager dans une voie que j'ai suivie et qui ne mène à rien, je le laisserai s'engager à son tour : il faut qu'il patauge là où j'ai pataugé, qu'il s'embourbe là où je me suis embourbé et qu'il périsse même là où j'ai pu passer. Ah mais ! ce serait trop commode alors, on n'aurait qu'à se croiser les bras et à s'assimiler la science des autres sans la chercher soi-même ! » Triste pédant ! de combien de mépris pourra-t-on jamais assez te couvrir, mais de combien de respect, d'honneur et d'amour pourra-t-on auréoler la mémoire de ces vrais savants qui travaillent toute une vie pour laisser à tout le monde une seule phrase qui s'écrit au livre de la science humaine !

— Mais tu me fais oublier mes devoirs, s'écria le bon sens en s'interrompant lui-même, je devais aujourd'hui présider une réunion de peintres ; voilà déjà plusieurs fois que je manque, on finira par croire que je n'y veux plus paraître. » Et il s'enfuit. Espérons que nous le reverrons !

CHAPITRE V

LES MATIÈRES COLORANTES

En prenant, pour déterminer les lois du coloris, les composés des matières colorantes qui pouvaient le mieux représenter les couleurs franches du *spectre solaire*, nous avons fait une palette théorique; mais l'emploi exclusif de cette palette ne serait pas pratique pour peindre.

D'abord, les matières qui la composent ne sont pas toutes solides et certains de leurs mélanges produiraient des réactions chimiques capables de les altérer. Ensuite, ces couleurs ne se trouvent pas toutes faites et leur fabrication, qu'il serait bien difficile d'obtenir régulière, reviendrait très cher.

Puis, pourquoi se priver des terres, des ocres et des mars qui sont bien suffisants pour les tons rompus, dont on a le plus souvent besoin et qui joignent à une fixité parfaite des qualités couvrantes et siccatives si précieuses?

Ne bannissons donc, de parti pris, aucune matière colorante de notre palette; car, comme aurait pu le dire M. de la Palisse, « toutes celles qui peuvent servir sont utiles », pourvu cependant qu'elles soient solides, et c'est de cela seulement que nous devons nous préoccuper.

Les peintres anciens, du temps d'Apelle, n'avaient que quatre couleurs : un blanc de craie, une ocre jaune, une ocre rouge, un noir.

En est-on bien sûr? Pline, qui est venu plusieurs siècles après, l'affirme, et il nous apprend ensuite que, de son temps, la peinture s'était déjà enrichie d'un grand nombre de matières colorantes nouvelles, dont voici la nomenclature rétablie en langage moderne :

Blanc de craie de diverses provenances.

Blanc de plomb et ses dérivés.

Massicot et minium.

Orpiment (sulfure d'arsenic rouge et jaune.

Laques rouges de pourpre qu'on retirait d'un coquillage.

Ocres naturelles et brûlées.
Cinabre.
Indigo.
Émaux bleus pulvérisés.
Vert-de-gris.
Terres brunes.

Noirs différents provenant de la combustion de différents corps, tels que l'ivoire, le marc de raisin, etc.
La sépia.

Et Pline se plaint de cette profusion de couleurs, il regrette le temps où l'on n'en avait que quatre. Il s'écrie :

« Aujourd'hui que la pourpre couvre jusqu'à nos murailles, que l'Inde nous procure le sable coloré de ses fleuves et les couleurs tirées du sang de ses dragons et de ses éléphants, nous ne possédons plus de noble peinture. Nous étions donc plus riches en art alors que nous étions plus pauvres en matériaux. On ne peint plus l'âme, on peint le luxe des personnages. C'est la matière que l'on apprécie maintenant dans les arts ! »

Si on ne savait pas que Pline a écrit cela il y a plus de dix-huit cents ans, on croirait lire un article d'hier. Allons ! si l'art est toujours jeune, on peut dire que la critique a toujours été vieille.

Le domaine de la peinture n'en continua pas

moins à s'augmenter, n'en déplaise à ce pauvre Pline de Saint-Victor.

Après lui, on découvrit le moyen de faire des laques jaunes tirées de la graine d'Avignon et des laques rouges tirées de la cochenille, de certains bois et enfin de la garance.

On utilisa, comme bleu, la pierre de lapis et l'on enrichit la palette de nouvelles terres vertes et brunes.

Mais cependant la chimie n'existait pas encore. Aussi, les peintres, réduits aux seuls produits de la nature, n'avaient-ils d'autre souci que de se les procurer dans le plus grand état de pureté possible. Il existe dans un grenier du musée d'Anvers une malle ayant appartenu à Rubens, que l'on conserve religieusement, et dans laquelle celui-ci avait emmagasiné des provisions de couleurs récoltées sur place pendant ses voyages. A part le prix inestimable qui s'attache à ce souvenir du peintre, cette malle est pour nous un précieux enseignement. On y voit la preuve du soin que mettaient les grands artistes à s'occuper eux-mêmes du choix de leurs couleurs, et les spécimens authentiques qu'elle contient nous permettent de nous rendre compte absolument des matières avec lesquelles ont été peints les tableaux que nous admirons encore aujourd'hui, et de choisir parmi ces matières celles qui se sont le mieux conservées.

Le blanc de plomb, le cinabre, le lapis, les charbons, les laques de garance, les terres et les ocres ont assez bien résisté; mais les stils de grains, comme tous les jaunes, les rouges et les verts végétaux ont plus ou moins disparu. Ces résultats seront à retenir.

Depuis Rubens, on a inventé beaucoup de couleurs et la science en fournit de nouvelles tous les jours; malheureusement elle s'applique à les faire plutôt brillantes que solides. La découverte de l'aniline, entre autres, est une vraie catastrophe pour les arts.

Il est vrai qu'aussitôt qu'une couleur est réputée mauvaise, les artistes sérieux la bannissent de leur palette; mais elle reparaît de suite, déguisée comme les escrocs qui changent de nom pour faire de nouvelles dupes, et il devient bien difficile de retrouver ces mauvaises matières dans les mélanges adroits où elles se cachent. Aussi, dans la crainte d'être trompés, certains peintres tombent-ils dans un excès de méfiance qui les prive de produits nouveaux que l'on pourrait employer sans crainte.

Ne sachant pas suffisamment de chimie, on en sait alors trop et l'on s'effraie de certains noms. Ainsi, connaissant les méfaits du jaune de chrôme, on hésitera à se servir d'oxyde de chrôme (vert-émeraude), qui est cependant une des meilleures couleurs qui soit, parce que l'on ignore que les substances les plus terribles peuvent devenir inoffensives lorsqu'elles sont mélangées. Pour en donner un exemple, versez dans un verre de l'acide chlorhydrique et dans un autre verre une solution concentrée de soude caustique; puis, dans chacun de ces verres, jetez des petits morceaux de viande : ils y seront instantanément dévorés sous vos yeux. Alors, mélangez le contenu des deux verres en versant l'un dans l'autre et... avalez le tout! Vous aurez la sensation que vous donnerait un verre d'eau de mer, pas plus. Ces deux corrosifs effrayants se sont transformés en chlorure de sodium, qui n'est autre que le vulgaire sel de cuisine. Un autre corps que l'on est encore inquiet de voir figurer dans les couleurs, c'est le chlore, car tout le monde sait qu'il les détruit presque toutes. Quand il est seul, oui! mais en société, il est souvent parfait, — comme le gendarme, impitoyable sous son tricorne, redevient tendre et doux dans le sein de sa famille.

Il sera donc préférable, au lieu d'étudier les couleurs séparément sous des noms qui n'en sont pas et de se laisser aller aux préjugés qui accompagnent ces noms, de les grouper selon leurs provenances et de peser les qualités et les défauts des généralités.

On peut établir cinq catégories de couleurs :

Première catégorie : les couleurs végétales ; –
Deuxième catégorie : les couleurs animales ;
Troisième catégorie : les couleurs minérales ;
Quatrième catégorie : les couleurs obtenues par des combinaisons végétales et minérales ;
Cinquième catégorie : les charbons.

La *première catégorie* comprend les ma-

tières colorées tirées directement des végétaux frais, séchés ou torrifiés, telles que le vert
d'iris, le brun de chicorée, le brun de café,
l'indigo, la gomme-gutte, le jaune de safran, etc.
Toutes les couleurs de cette catégorie sont
mauvaises : elles passent à la lumière, quelques-unes changent de ton avec les corps gras
et d'autres sont souvent détruites par les combinaisons minérales auxquelles on les mélange.

La *deuxième catégorie* comprend les matières
colorées tirées des substances animales, telles
que la pourpre, le jaune indien, le carmin de
cochenille, la sépia, etc.

La pourpre, qui était le produit d'un coquillage, n'est plus connue que de nom et la recette en est perdue; mais on fait aujourd'hui
un produit analogue avec la murexide traitée
par l'acide urique.

Le jaune indien vient, dit-on, des excré-
ments de chameaux ou de vaches nourris de
certaines plantes; en tous cas, c'est une matière très alcaline qui transforme l'huile en
savon et peut devenir, par conséquent, soluble

à l'eau, si le broyage n'est pas fait dans de bonnes conditions.

Le carmin passe à la lumière.

La sépia est solide à l'aquarelle, mais ne se broie pas bien à l'huile.

La *troisième catégorie* comprend toutes les combinaisons à bases métalliques produites par la nature ou par des procédés chimiques; quelques-unes se trouvent à l'état libre comme le carbonate de plomb (blanc de plomb) et le sulfure de mercure (cinabre), tandis que d'autres sont plus ou moins fortement fixées dans les couches argileuses pour former les terres colorées auxquelles on donne le nom d'ocres, ou dans des matières siliceuses pour former des pierres comme la malachite et le lapis.

Toutes ces couleurs minérales sont généralement solides, mais elles ne sont pas d'un ton bien homogène; et quoique, après les avoir pulvérisées, on les lave avec grand soin, on ne parvient jamais à les débarrasser de toutes les impuretés qu'elles contiennent, ce qui est au détriment de leur éclat.

On comprendra donc qu'en refaisant chimiquement les mêmes combinaisons que fait la nature, et en les fixant sur des matières pures et incolores comme l'alumine et la silice, qui sont les bases des argiles naturels, on obtiendra ces mêmes couleurs tout aussi solides et beaucoup plus belles. C'est ainsi que les mars reproduisent toutes les terres rouges et jaunes colorées par l'oxyde de fer, et que l'outremer Guimet est la reconstitution du lapis comme le vermillon est celle du cinabre.

La chimie ne se borne pas seulement à reproduire les combinaisons que l'on trouve à l'état naturel ; elle en a déjà fait beaucoup d'autres, et elle continuera encore, il faut l'espérer, à enrichir cette catégorie des couleurs minérales à laquelle elle a jusqu'ici donné des matières si précieuses. Il est vrai que par contre elle en a donné d'inutiles et même de mauvaises, dont il faut bien se garder de se servir : aussi consacrons-nous un chapitre aux moyens pratiques de les reconnaître sous quelque nom qu'on les désigne, et dans quelque mélange qu'on les introduise (Voir page 292).

La *quatrième catégorie* comprend toutes les combinaisons végétales et minérales qui consistent, en principe, à fixer sur l'alumine ou la silice des teintures végétales en suspension dans l'eau au moyen d'une précipitation.

C'est ainsi que sont obtenues les laques rouges, avec les teintures de garance, de bois du Brésil, de bois de Fernambouc, de bois de Campêche, etc., et les laques jaunes avec des teintures de gaude, de graines d'Avignon, de graines de nerprun, etc. Ces dernières portent souvent le nom primitif de *stil de grain*.

Toutes les couleurs de cette catégorie sont mauvaises, elles passent à la lumière et sont altérées par certaines couleurs minérales ; on ne doit pas les employer. Il faut en excepter cependant les laques de garance, qui sont relativement plus solides et qui sont indispensables, car on n'en a pas d'autres. Du reste, en prenant quelques précautions, on peut en atténuer les inconvénients. Quant à la laque jaune, elle peut être avantageusement remplacée par la laque de fer, que, malgré la modestie qui s'impose à un inventeur, nous recommandons comme étant d'une parfaite solidité.

La *cinquième catégorie* comprend les charbons qui sont les produits de l'incinération de certaines matières végétales ou animales, telles que les noyaux de pêche, les bois, le liège, les sarments de vigne, les châtaignes, l'ivoire, les os, etc.

Cette catégorie ne fournit que des noirs qui sont tous bons.

Il ne faut rejeter que le bistre et le noir de fumée, qui sont mauvais à cause des matières goudronneuses qu'ils contiennent.

Le bitume, que nous n'avons pas rangé dans les couleurs minérales, ne trouvera pas place non plus dans les charbons; car il doit être formellement exclu de la peinture. C'est la peste, c'est la mort des tableaux. Il ne sèche jamais à fond, ou du moins il se ramollit et il coule aussitôt que la température s'élève au-dessus de 30 à 35 degrés. En l'associant avec de l'huile très siccative, on lui donne une apparence de solidité, mais il trouve toujours moyen de s'échapper et, tôt ou tard, il transsude au dehors.

Il est d'autant plus nuisible qu'on l'emploie à préparer des dessous et que des tableaux, ainsi peints sur des fonds éternellement mobiles, doivent forcément se gercer.

Pour donner des exemples des ravages de cette triste matière, il suffit de montrer les toiles de nos musées qu'on a été obligé de restaurer déjà plusieurs fois et qui continuent à se détruire, tels que le *Naufrage de la Méduse* de Géricault, le *Portrait de Chérubini* d'Ingres, et tant d'autres, hélas!

Mais les farouches bitumiers vous répondent: Cela ne tient pas au bitume, cela tient à la manière de l'employer. Alors voici un autre exemple. Un marchand de tableaux bien connu, qui est aussi un collectionneur intelligent, est parvenu à réunir un grand nombre de palettes ayant appartenu à des artistes de valeur. Ces palettes ont été prises après la journée de travail du peintre, et non seulement elles sont chargées des couleurs que celui-ci emploie, rangées dans l'ordre qui lui est habituel, mais encore elles sont couvertes de tous les tons improvisés dans le feu de l'exécution, et sur beaucoup d'entre elles l'artiste a peint un morceau dans son genre. Voilà donc bien des spécimens de presque toutes les manières d'employer le bitume pour ceux qui s'en servent. Ces palettes sont accrochées au mur ainsi que des tableaux, elles sont soignées comme on peut le penser, et en tous cas, si elles ont à subir de brusques changements de température, ces changements sont pour toutes les mêmes. Eh bien! toutes les palettes qui n'ont pas de bitume sont restées telles que l'artiste les a quittées; mais sur toutes celles qui portent du bitume, ce bitume a coulé : non seulement le petit tas qui est rangé à sa place parmi les autres couleurs, mais aussi les tons dans lesquels il en est entré. Est-ce péremptoire? A moins que les bitumiers ne prétendent que pas un artiste ne sait employer le bitume. Du reste, cette collection unique sera léguée par son propriétaire au Musée du Louvre et ce sera un grand enseignement pour l'avenir.

Quelques peintres ont la prétention d'avoir du bitume solide; ils se trompent, ou plutôt ils sont trompés. Les marchands leur donnent du faux bitume fait avec des laques jaunes et du noir d'aniline. Ces faux bitumes passent à la lumière, comme aussi le véritable du reste.

Si cependant le bitume est essentiel pour de certains peintres, on peut très bien leur en confectionner un avec des couleurs solides et en y adjoignant la résine normale soluble à l'huile et ne fondant pas à une basse température. Ce faux bitume aura toutes les qualités du vrai au point de vue de la commodité sans en avoir les inconvénients (Voir page 292). Il aura de plus l'avantage de ne pas passer à la lumière. Quant à la momie, c'est encore du bitume et les quelques parcelles de pharaon qu'elle peut contenir ne sont pas pour nous la faire accepter.

Nous donnons (page 280) des explications détaillées sur les couleurs bonnes et mauvaises; mais pour ceux que ces détails peuvent ennuyer, voici la liste de celles que l'on peut employer en toute sûreté :

Blanc de plomb (carbonate de plomb).
Blanc de zinc (oxyde de zinc).

Jaunes de cadmium (sulfure de cadmium).
Jaune de strontiane (chromate de strontiane).
Jaune de zinc (chromate de zinc).
Laque de fer (oxyde de fer fixé sur alumine).
Vermillon (sulfure de mercure).
Laques de garance (teinture de garance fixée sur alu-
   mine).
Bleu de cobalt (oxyde de cobalt fixé sur alumine).
Outremer (sulfure de sodium et silicate d'alumine).
Vert de cobalt (oxyde de cobalt fixé sur oxyde de
   zinc).
Vert-émeraude (oxyde de chrôme).
Violet minéral (phosphate de manganèse).
Violet de cobalt (phosphate de cobalt).

De plus, toutes les ocres naturelles et brûlées, toutes les terres naturelles et brûlées qui
ont l'oxyde de fer pour base, sont également
bonnes, ainsi que toutes les couleurs de mars
qui sont de l'oxyde de fer à différents degrés
de calcination fixé sur l'alumine. Quant aux
noirs, ils sont tous bons, sauf le noir de fumée,
contenant des matières goudronneuses.

De cette liste nous excluons toutes les couleurs à base de plomb, comme les jaunes de
chrôme (chromate de plomb). Les jaunes de
Naples et d'antimoine, le massicot et le minium qui sont du blanc de plomb plus ou
moins calciné, parce que ces combinaisons mé-

talliques sont sujettes à noircir au contact de l'air, et qu'elles peuvent être remplacées par d'autres; cependant on peut s'en servir en prenant quelques précautions, comme aussi du vert Véronèse et de certaines autres couleurs (Voyez page 286).

Si nous n'avons pas rejeté le blanc de plomb lui-même, c'est qu'il n'a pas d'équivalent, jusqu'à présent du moins : ses qualités couvrantes et siccatives, et la dureté qu'il acquiert avec l'huile le rendent indispensable. Il est cependant très dangereux de l'associer aux sulfures, tels que le vermillon et les cadmiums, auxquels nous conseillons de ne jamais mêler que du blanc de zinc (1).

Cette question de la solidité chimique des matières colorantes est capitale pour la conservation de la peinture; malheureusement les peintres ne s'en occuperont jamais eux-mêmes; beaucoup d'entre eux ne liront même pas le chapitre dans lequel nous donnerons plus loin les précautions à prendre pour la fabrication

1. Pour les cadmiums, cette précaution est inutile s'ils sont bien fabriqués.

des couleurs et leur emploi, ainsi que les moyens pratiques de les analyser (Voyez page 280).

Il faudrait donc forcer les marchands à fournir de bonnes matières, et voici un moyen que nous croyons excellent pour obtenir ce résultat.

Il suffit que les peintres exigent, lorsqu'ils achètent un tube de couleur, que l'étiquette porte, à côté du nom usuel de cette couleur, sa formule chimique, comme dans la liste ci-dessus.

De cette façon, si le marchand ne fournit pas ce qu'il annonce, il peut être traduit en justice, ainsi que tous falsificateurs : il y a tromperie sur la qualité de la marchandise. Tandis qu'actuellement on ne peut même pas se plaindre, attendu que les dénominations de laque capucine, laque géranium, rose de Chine, qu'il donne à des produits quelconques, ne l'engagent à rien, pas plus que celles de jaune d'or, vert-malachite, rouge de Venise, etc.

En effet, vous achetez un tube de bleu céleste : ce bleu est fait avec du bleu de Prusse ou n'importe quoi, cela ne regarde personne, le marchand peut appeler bleu céleste ce qu'il lui plaît. Vous l'avez trouvé suffisamment céleste vous-même, puisque vous l'avez pris. Si cependant les artistes, s'apercevant que ce bleu céleste n'est pas solide, en arrivent un jour à n'en plus vouloir, on le débaptise et il reparaît, avec plus ou moins de blanc, sous les noms de bleu d'azur, bleu paon, bleu turquoise, bleu saphir, bleu de Smyrne, etc. On est encore loin d'avoir épuisé tous les noms de pierres précieuses, de fleurs, de villes, d'oiseaux dont se compose le vocabulaire des marchands de couleurs et quand la réforme que nous proposons n'aurait pas d'autre résultat que de rendre inutiles toutes ces appellations fantaisistes, elle rendrait déjà un grand service, car le nombre en va toujours croissant dans des proportions ridicules. Si on ne s'arrête, d'ici à peu de temps, c'est par milliers que se chiffreront toutes ces nuances nouvelles qui ne sont, la plupart du temps, que des couleurs ordinaires de mauvaise qualité, teintées et rehaussées avec les produits de l'aniline, qui passent à la lumière.

6.

Au point de vue technique, il est aussi impossible de s'entendre, si chacun donne à la même substance des noms différents ou le même nom à des substances différentes. Ainsi, un auteur en qui vous avez toute confiance vous affirme que le vermillon est solide : vous vous en servez donc, mais au lieu de sulfure de mercure qu'on vous a conseillé, c'est de l'iodure de mercure, ou du minium teinté par l'éosine ou toute autre chose qu'on vous donne sous ce nom de vermillon : non seulement on vous vend à raison de 15 francs le kilogramme ce qui vaut 40 sous, mais on compromet votre œuvre. C'est une escroquerie et un abus de confiance, qui ne pourront plus se produire si vous achetez vos couleurs sous leurs noms véritables. Demandez à un pharmacien de la poudre fébrifuge, il peut vous donner un peu de farine de lentille sucrée ; mais si vous demandez du sulfate de quinine, il est forcé de vous en donner, comme le marchand de couleur sera forcé de vous donner ce qu'il annoncera sur ses tubes. Mais, dira-t-on, ce marchand est trompé lui-même, car souvent il ne fabrique pas les couleurs qu'il vend. Dans ce cas, en achetant ses matières premières, il exigera de ses fournisseurs les garanties que son client exige de lui, et, soyez-en certain, s'il a jamais un procès à ce sujet, il saura bien rendre responsable le véritable fraudeur.

La seule objection sérieuse que l'on puisse faire est celle-ci : On ne peut pas forcer les marchands à faire leurs étiquettes comme vous le demandez. C'est vrai, mais on ne peut pas non plus forcer les artistes à acheter là plutôt qu'ailleurs, et il suffit qu'un seul marchand commence pour que tous les autres soient forcés d'en faire autant sous peine de perdre leur clientèle, car ce serait avouer des intentions de supercherie invétérées que de refuser de donner les garanties que peut donner un confrère.

Du reste, cette garantie des formules chimiques, qui pourrait s'obtenir immédiatement, n'est pas la seule que nous puissions demander : dans un avenir peut-être plus prochain qu'on ne pense, nous en aurons bien d'autres, et si le projet que nous avons soumis à la *So-*

ciété des Artistes français est accepté, ceux-ci n'auront plus rien à désirer sous le rapport de la pureté et de la bonne fabrication des produits qui leur sont nécessaires.

Voici du reste quel est à peu près ce projet :

1° Une commission permanente des procédés matériels des arts serait nommée par le comité. Elle se composerait de membres de la Société, peintres, sculpteurs, graveurs et architectes ; attendu que toutes les branches de l'art, ayant, au point de vue pratique, des problèmes à résoudre et des avantages à retirer des travaux de cette commission, ont intérêt à y être représentées.

Des membres étrangers à la *Société des Artistes français*, chimistes, fabricants, etc., que leur compétence rendrait utiles, pourraient y être adjoints à titre temporaire ou définitif.

Cette commission aurait le devoir d'étudier toutes les inventions et tous les procédés, tant anciens que modernes, et d'indiquer, dans des rapports motivés, ceux qui lui sembleraient préférables ; de recevoir et classer les commu-

nications qui lui seraient faites; de répondre
aux questions qui lui seraient adressées; en
un mot, de centraliser tout ce qui se dirait ou
s'écrirait sur la matière.

Elle aurait le pouvoir de préparer tous traités et conventions avec des fabricants et marchands de produits destinés aux arts, lesquels
traités et conventions n'engageraient la Société
qu'après avoir été régulièrement acceptés par
le comité.

2° Il serait ajouté au Bulletin mensuel de la
Société une rubrique dont la rédaction appar-
tiendrait exclusivement à ladite commission,
qui pourrait y introduire toutes communica-
tions, correspondances, articles scientifiques,
ou autres (même émanant de collaborateurs
étrangers à la Société), si elle en trouve la pu-
blication utile.

3° Il serait créé un laboratoire où la Société
entretiendrait un chimiste chargé d'étudier
les questions soumises par la commission susdite et de faire toutes analyses demandées par
les artistes, fabricants ou marchands. Les analyses pourraient être taxées à des prix qui

permettraient à la Société de récupérer ses frais.

4° Les traités entre la Société et les marchands ou fabricants seraient faits sur les bases les plus larges possible, c'est-à-dire que la Société ne donnerait de monopole à quiconque et n'exclurait personne. Elle se contenterait, abandonnant toute idée de commerce pour son compte, d'autoriser absolument gratuitement lesdits marchands et fabricants à mettre une marque déterminée par elle, et lui appartenant, sur ceux de leurs produits qu'elle aurait reconnus bons, d'après les décisions de la susdite commission des procédés matériels.

Chaque marchand ou fabricant, en déposant l'échantillon du produit qu'il désire faire estampiller, s'engagerait par écrit, sous peine d'une forte indemnité en cas de non-exécution, à toujours fabriquer ce produit identique à l'échantillon, qui serait gardé sous double scellé pour faire foi en justice, si une contestation venait à se produire.

Les artistes, étant ensuite prévenus que les produits estampillés par la Société sont garantis de matières pures, de bonne fabrication et d'un emploi non funeste à la conservation de leurs œuvres, auront le droit, nous dirons même le devoir, d'exiger que leurs fournisseurs se soumettent à cette estampille puisqu'elle ne sera refusée à personne.

Qu'on ne dise pas que ce projet de traité avec des fabricants est une chimère : car nous pouvons nommer déjà la maison Lefranc et Cie, qui est toute disposée à le signer la première.

Quant à la nécessité d'assurer la plus grande durée possible à nos ouvrages. quelques critiques s'en moquent comme d'une prétention ridicule, et quelques peintres, faux modestes, la jugent négligeable ; mais nous pensons, nous, qu'elle est absolument honnête et que l'honnêteté en tout est encore ce qu'on a trouvé de plus habile.

En effet, puisque nous vendons nos tableaux. nous en faisons une marchandise et toute marchandise qui se détériore et perd sa valeur dans les mains de l'acquéreur est bientôt discréditée ; d'autant plus qu'aujourd'hui les prix auxquels les amateurs acquièrent les ouvrages d'art leur donnent le droit d'être exigeants.

En laissant supposer que la peinture moderne peut n'être pas solide, ce n'est pas seulement à nous que nous ferions du tort, ce serait aussi à nos successeurs. Il faut donc qu'elle le soit. Mais comme on ne saurait prouver ce que l'avenir seul pourra démontrer, il est bon de faire savoir quels soins méticuleux nous prenons et de quelles garanties nous nous entourons pour le choix des matières que nous employons.

CHAPITRE VI

LES HUILES, LE BROYAGE DES COULEURS
LES ESSENCES ET LES SICCATIFS

Les matières colorantes étant choisies et offrant les meilleures garanties de solidité, il ne reste plus qu'à les broyer avec un agglutinatif quelconque, de façon que, réduites en parcelles aussi petites que possible, elles soient en l'état propre à chaque genre de peinture auquel on les destine.

Nous parlerons des gommes, cire et autres substances agglutinatives employées à cet usage quand nous étudierons les divers procédés de la peinture murale, l'aquarelle, la peinture en détrempe, le pastel, etc.

Pour le moment, nous ne nous occuperons

que du procédé à l'huile, qui, étant le plus complet et le plus usité, doit ici prendre la première place.

LES HUILES

On a donné le nom d'huile à beaucoup de liquides qui n'ont ni la même composition, ni les mêmes propriétés.

1° Les **huiles essentielles** sont extraites, par la distillation, de certaines plantes, comme le romarin, la lavande, le fenouil, etc., ou de certains baumes résineux, comme la térébenthine. On en obtient aussi quelques-unes par simple expression, comme l'huile essentielle de citron. Aujourd'hui cette appellation d'huile essentielle est tombée en désuétude ; on nomme presque généralement tous ces produits des essences. Les essences sèchent par évaporation, mais en laissant des résidus plus ou moins visqueux ; quelques-unes sont employées en peinture, nous y reviendrons plus tard.

2° Les **huiles empyreumatiques** sont des

produits de la désorganisation de certains corps par la chaleur, comme l'**huile** de cire, l'huile de camphre, etc. Presque toutes les résines que l'on brûle émettent des vapeurs qui se condensent en huiles empyreumatiques. Le bistre et certains goudrons sont l'huile empyreumatique du bois mélangée avec du charbon. Ces huiles sèchent aussi par évaporation, mais très lentement et laissent encore plus de résidus visqueux que les essences. Elles ne sont pas employées, sauf l'huile de cire qu'on a cherché à utiliser vers 1830, mais plutôt dans une peinture encaustique à base de cire et de résine : l'auteur qui en parle ne fait qu'en conseiller timidement l'essai avec les couleurs à l'huile.

3° Les **huiles animales** sont tirées par la cuisson principalement des pieds et des jarrets d'animaux comme les huiles de pied de bœuf, de mouton, etc., ou bien se trouvent à l'état naturel sous la peau de certains poissons, comme l'huile de baleine. Elles ne sont pas siccatives et d'aucun usage pour la peinture. On retire aussi une huile des œufs, soit en pressant les jaunes durcis à l'eau bouillante, soit en mettant ceux-ci dans l'éther sulfurique qui dissout l'huile que l'on retrouve quand l'éther est évaporé. Cette huile d'œuf ne sert à rien encore ; mais il n'est pas inutile de la connaître, parce qu'elle est certainement un des principes de la peinture à l'œuf, tant usitée autrefois et qui a donné des résultats si solides. Cette huile ne se corrompt pas comme les autres huiles animales, et dissout parfaitement les résines à froid, avec lesquelles elle forme des vernis relativement durs au bout de quelque temps, quoiqu'elle ne soit pas siccative par elle-même.

En somme, elle n'est pas employée ; mais peut-être un jour le sera-t-elle ?

4° Les **huiles fixes** sont exprimées à l'aide d'un pressoir des différentes matières végétales qui les fournissent. Elles ne sont pas toutes propres à la peinture et il en est qui ne sont pas siccatives, comme l'huile d'olive, par exemple.

Celles qui sèchent offrent une particularité qui les distingue des huiles essentielles et empyreumatiques ; elles ne s'évaporent pas ; au contraire, elles augmentent de poids en séchant et ce surcroît est dû à la quantité d'oxygène qu'elles ont absorbé ; mais, tout en augmentant de poids, elles diminuent de volume. En effet, si l'on met une certaine épaisseur d'huile dans une assiette, au bout de quelque temps, il se forme une pellicule dont la surface reste parfaitement lisse. Cependant, quand l'huile est séchée jusqu'au fond, la surface est devenue ridée, parce que l'huile fraîche, enfermée sous la pellicule comme sous une peau, venant à sécher à son tour et diminuant de volume, il s'est produit le même phénomène que lorsqu'un ballon se dégonfle ou qu'un individu maigrit, la peau devenue trop grande s'est plissée.

Le terme « sécher », appliqué à l'huile qui passe de l'état liquide à l'état solide, n'est donc pas bien approprié, puisqu'il ne s'évapore rien : au contraire. En réalité, il y a condensation et absorption d'oxygène ; mais que se passe-t-il avec cet oxygène ? Y a-t-il combinaison ? Un corps nouveau s'est-il formé ? En tous cas, l'huile solidifiée ne se dissout plus dans aucun des dissolvants de l'huile fraîche, excepté la benzine. Et, par contre, les alcools qui ne dissolvent pas l'huile fraîche désagrègent l'huile sèche.

Il y a donc eu au moins une sérieuse modification dans la nature de l'huile pour produire d'aussi grandes différences.

Parmi les huiles que l'on emploie pour la peinture, il en est deux qui sont généralement préférées : l'huile de lin et l'huile de pavot, plus connue sous le nom d'huile d'œillette.

L'huile de lin est la plus siccative des deux, elle acquiert plus de dureté et reste plus transparente en séchant que l'huile d'œillette ; mais elle est plus visqueuse et devient plus facilement acide. Dans ce dernier cas, il s'opère dans les tubes des combinaisons chimiques avec certaines couleurs, surtout celles à base d'alumine, telles que les laques par exemple, qui deviennent comme du caoutchouc. On dit des couleurs arrivées à cet état qu'elles ont graissé, on ne peut plus s'en servir sans les délayer avec de l'huile ou de l'essence ; mais on ne doit pas le faire. Il faut absolument les rejeter parce qu'elles ne sécheront plus jamais à fond. L'emploi des couleurs broyées avec des huiles acidifiées est même une des principales causes qui font gercer les tableaux.

On doit donc avoir bien soin, avant de broyer les couleurs, de s'assurer au moyen du papier de tournesol que l'huile n'est pas acide : ce qui arrive très souvent après les opérations qu'on lui fait subir, soi-disant pour l'épurer et la rendre plus siccative.

LE BROYAGE DES COULEURS

Dans le procédé de la peinture à l'huile, les couleurs sont employées à différents degrés d'opacité et de transparence : il faut donc donner à chacune d'elles une de ces qualités, dans les proportions qui lui conviennent le mieux, et c'est par un broyage intelligemment pratiqué que l'on peut obtenir ce résultat.

Malheureusement, la plupart de ceux qui broient des couleurs pour les artistes ne sont préoccupés que du côté commercial de cette industrie. Faire des couleurs qui se conser-

vent fraîches en tubes le plus longtemps possible et dans tous les climats, tel est leur
principal objectif; mais cet objectif, bon pour
le bazar des voyages, ne saurait l'être pour
nous. Si, comme les anciens peintres, nous
n'allons pas jusqu'à broyer nous-même, nous
devrions au moins être capables de le faire
afin de pouvoir nous rendre compte si ceux à
qui nous confions le soin si important de préparer nos couleurs le font convenablement.
On n'est pas bien d'accord pour savoir si les
anciens peignaient de préférence à l'huile de
lin ou à l'huile d'œillette, et il n'est guère
possible d'éclaircir ce mystère : aujourd'hui
on n'emploie plus que l'huile d'œillette, sauf
pour quelques couleurs sombres où l'usage de
l'huile de lin est préconisé. Nous ne chicane-
rons pas les broyeurs à ce sujet, il est en
somme de peu d'importance et puisque l'on
préfère l'huile d'œillette qui rend les couleurs
moins visqueuses, va pour l'huile d'œillette !

Mais ce que nous ne pouvons admettre, c'est
la quantité exagérée que l'on en met : généralement, un tiers de plus qu'il ne serait néces-

saire. Or, comme l'huile est pernicieuse pour
la peinture puisqu'elle s'obscurcit et s'altère
fatalement avec le temps, il ne faut en introduire que juste assez pour obtenir la solidité.

Beaucoup de peintres, convaincus de cet
excès, ont pris l'habitude de laisser leurs couleurs quelques minutes sur du papier buvard
avant de s'en servir. Il serait donc bien plus
pratique de ne pas mettre cette quantité d'huile
que l'on retire ensuite. Mais les broyeurs allèguent que les couleurs seraient alors trop dures
à broyer, qu'un grand nombre de leurs clients
ne les trouvent jamais assez liquides, et enfin
l'éternelle mauvaise raison, que ça s'est toujours fait comme cela. Le fond de l'affaire,
c'est que les couleurs broyées liquides se conservent plus longtemps, et puis... que l'huile
coûte moins cher que la couleur, et que plus
il y a de l'une, moins il y a de l'autre.

Seulement les couleurs sont tellement chargées d'huile actuellement qu'elles couleraient
sur la palette si l'on n'y ajoutait de la cire pour
leur redonner du corps; plus on met de cire,

plus on peut mettre d'huile, on pourrait même ne plus mettre de couleur du tout : avec quelques grammes de teinture d'aniline, on peut teinter un kilogramme d'un gluten fait de cire et d'huile et avoir ainsi des couleurs superbes de ton et d'une pâte très consistante.

En somme, on nous ramène au procédé de cire et huile inventé jadis par Taubenheim ; et le grand inconvénient qui en résulte, c'est que l'huile, s'imbibant dans la toile ou le panneau, laisse la cire à la surface et que la couche suivante n'adhère pas à la précédente parce que l'huile ne tient pas sur la cire. Tous les peintres se sont aperçus que très souvent, en voulant gratter des aspérités trop fortes, on soulève une pellicule et qu'en insistant on enlèverait par copeaux tout un morceau qui ne fait pas corps avec l'ébauche sur laquelle on l'a repeint.

En plus de ce défaut capital, qui compromet la solidité de la peinture, l'introduction de la cire dans les couleurs leur retire de l'opacité et de l'intensité : non seulement elles ne couvrent plus, mais elles s'appauvrissent, car ce qui fait leur richesse ce n'est ni l'huile ni la cire, c'est la matière colorante.

Les broyeurs allèguent encore que la cire donne du corps à la pâte, qui se coupe mieux pour peindre au couteau et qu'elle procure aux couleurs une matité que tous les peintres recherchent à présent.

Nous répondrons que l'on peut parfaitement broyer plus serré qu'on ne le fait (ce n'est qu'un peu plus fatigant). En mettant moins d'huile, les couleurs restent mates sans qu'il soit besoin de cire ; et si la pâte semble trop ferme en certains cas, il est plus facile de rajouter de l'huile que d'en retirer.

Du reste, il y a un moyen bien simple de satisfaire tout le monde, c'est de broyer de la couleur selon nos désirs pour les peintres qui veulent revenir aux saines traditions et de continuer à en fabriquer à la façon moderne pour ceux qui peignent à la truelle ou entreprennent de lointains voyages.

En ne broyant les couleurs qu'avec la quantité d'huile strictement nécessaire, cela permet d'y introduire d'autres substances utiles pour perfectionner les diverses qualités que nous exigeons de chacune d'elles. Avec plus ou moins d'une résine soluble dans l'huile, à froid, nous augmenterons à volonté la transparence de quelques-unes, laissant à d'autres toute leur opacité ; et si nous craignons qu'en cet état, la pâte soit trop serrée pour être d'un usage commode, il nous est loisible d'en augmenter la fluidité au moyen d'un pétrole peu volatil, qui, mettant autant de temps à s'évaporer que l'huile en met à sécher, nous donnera, pendant le travail, la sensation d'une couleur qui contiendrait beaucoup d'huile. Si certaines couleurs broyées dans ces conditions avaient tendance à couler comme le vermillon, par exemple, on y adjoindrait, au lieu de cire, un sel d'alumine avec lequel on peut donner à l'huile jusqu'à la consistance d'une pommade sans aucun inconvénient. Les couleurs, étant ainsi convenablement préparées, peuvent être employées telles qu'elles sont, surtout pour peindre en pleine pâte. Mais il est nécessaire, dans certains cas, de pouvoir en augmenter encore la fluidité, la siccativité et la transpa-

rence. C'est pour répondre à ces trois néces-
sités que l'on a inventé la quantité innombrable
d'ingrédients que l'on mêle aux couleurs sur la
palette et qui, sous les noms d'onguents, pommades, baumes, médiums, oliette, gluten,
vernis, essences et siccatifs, encombrent les
ateliers et sont, sans exception, des poisons
pour la peinture, à des degrés différents cependant. Nous allons donc tâcher de mettre un
peu d'ordre dans toute cette pharmacie.

LES ESSENCES

Quand on a besoin de rendre la couleur plus
liquide, pour ébaucher vivement, glacer, ou
peindre des objets transparents et vaporeux, on
se sert d'une essence qui détrempe la couleur.

Plusieurs essences sont employées à cet
usage : l'essence de lavande ou d'aspic (variété
de lavande), l'essence de térébenthine.

Toutes les essences, qu'elles proviennent de
la distillation des plantes ou des baumes résineux, ont le défaut de se résinifier au contact
de l'air. Elles épaississent et jaunissent : on dit

alors qu'elles se graissent; arrivées à l'état de glu, elles ne sont plus volatiles et par conséquent, ne séchant pas, deviennent une cause de gerçures dans la peinture.

Aussi a-t-on soin de les rectifier, c'est-à-dire de les distiller de nouveau avant de s'en servir.

Dans cette rectification, les parties déjà résinifiées restent dans l'alambic et l'essence redevient limpide et incolore; mais, au bout de peu de temps, le phénomène se reproduit et l'on devrait n'employer jamais que des essences rectifiées nouvellement, afin de diminuer le plus possible cet inconvénient; quant à le supprimer totalement, c'est impossible, attendu que, par le seul fait qu'elle s'évapore au contact de l'air, l'essence la plus pure se résinifie et il reste toujours un résidu visqueux qui ne sèche jamais, qui jaunit et qui de plus attrape et retient toutes les poussières. Une véritable fabrique de noir.

En somme, toutes les essences, sans exception, font jaunir et noircir la peinture.

Si on ne les a pas plus tôt rejetées, c'est qu'on n'avait rien pour les remplacer; mais, aujourd'hui, on trouve dans les pétroles des liquides offrant bien plus de qualités sans aucun inconvénient.

LES PÉTROLES

Le pétrole, en n'en prenant par la distillation que les parties volatiles, s'évapore sans former aucun résidu. Il sert de véhicule et ne laisse rien après lui.

Étendu sur du papier blanc, il est impossible, lorsqu'il est évaporé, d'en retrouver même la trace.

De plus, la facilité de l'avoir à plusieurs degrés de volatilité permet de régler le travail selon le désir de l'artiste. Nous avons obtenu des essences de pétrole qui s'évaporent en cinq minutes, en une heure, en plusieurs heures ou même en plusieurs jours (Voyez page 124). A ce propos, il est utile de faire une petite observation. Il peut sembler que du pétrole très volatil, s'évaporant en cinq minutes, par exemple, et du pétrole peu volatil, ne s'évaporant qu'en plusieurs jours, mélangés en différentes proportions, suffiraient pour obtenir tous les degrés de volatilité. C'est une erreur. Le pétrole qui s'évapore en cinq minutes distille entre 100 et 150 degrés de chaleur, celui qui ne s'évapore qu'en plusieurs jours distille entre 300 et 350 degrés de chaleur. Or, si vous mettez moitié de l'un, moitié de l'autre, soit vingt grammes en tout, dans un vase ouvert, au bout de cinq minutes il n'en restera que dix grammes; celui qui s'évapore dans ce laps de temps étant parti, les dix autres grammes restants mettront plusieurs jours à s'en aller. Il faut donc avoir ses essences de pétrole dosées séparément et ne pas les mêler ensemble, excepté dans les cas où on voudrait justement tirer profit de ces différences de volatilité. Par exemple, ayant à peindre un ciel rapidement, vous désirez que votre couleur soit très fluide, pour l'étendre facilement, et qu'ensuite elle le soit moins, tout d'un coup, pour finir. Vous prendrez donc comme liquide à mêler aux couleurs un mélange composé d'un pétrole s'évaporant très vite, qui sera parti quand vous aurez fini l'ébauche, et d'un autre beaucoup plus lent, qui restera tout le temps qu'il vous faudra pour terminer.

Les produits tirés du pétrole, soumis à un traitement spécial, deviennent absolument incolores et peuvent être rendus presque inodores, ce qui leur donne un avantage sur toutes les autres essences, dont les odeurs pénétrantes sont insupportables, même à bien des peintres de profession. Cet avantage et celui de ne laisser aucun résidu ne sont pas les seuls que le pétrole ait sur les essences. Il est encore supérieur par sa force de pénétration à travers les corps et surtout à travers l'huile sèche : une goutte de pétrole sur une toile peinte depuis longtemps traverse la peinture sans rien dissoudre, et ressort de l'autre côté, là où l'essence de térébenthine ne pénètre même pas. Il s'ensuit que les résines, l'huile et les couleurs transparentes diluées dans le pétrole sont portées par lui bien plus avant dans la profondeur des vieilles couches sur lesquelles on les appose, qu'elles ne le seraient par tout autre véhicule.

Pour comprendre l'importance de cette faculté du pétrole, il faut savoir comment s'opère l'adhérence d'une couche de peinture sur une autre. Ce n'est pas comme pour la colle où la nouvelle couche détrempant la précédente se relie avec elle. Ici, l'huile fraîche n'a aucune action sur l'huile sèche et l'adhérence n'est absolument que mécanique.

L'huile de la nouvelle couche s'infiltre dans l'ancienne par une multitude de petits puits restés ouverts, qui sont comme les pores de la peau, et ces infiltrations se durcissant deviennent des filaments solides qui restent agrippés dans cette ancienne couche comme les racines d'un arbre dans la terre. Or, selon que la peinture à l'huile est plus ou moins sèche, ses pores sont plus ou moins ouverts ; il arrive même un moment où ils sont assez rétrécis pour que la nouvelle huile n'y puisse pas pénétrer ; mais le pétrole y pénètre parfaitement ; et si vous avez eu soin d'en frotter une vieille peinture avant de repeindre dessus, la nouvelle huile se dissolvant dans le pétrole sera portée par lui là où elle n'aurait pu s'infiltrer seule.

Si les couleurs contiennent de la cire, l'adhérence n'a pas lieu, comme il a été dit plus haut, et il est facile maintenant de comprendre qu'en effet cette cire, bouchant tous les pores, ne permet pas à l'huile de jeter ses racines ; dans ce cas, le pétrole, dissolvant la cire instantanément, débouche les pores et l'adhérence peut avoir lieu. Pour toutes ces raisons, servez-vous donc de pétrole. Si cependant vous tenez à cette vieille térébenthine, ne l'employez que rectifiée et renouvelez-la souvent, comme ce vieux garçon qui reste fidèle à sa bonne, mais qui en change tous les mois.

LES SICCATIFS

Il n'y a qu'un seul moyen connu de rendre l'huile très siccative, c'est de lui adjoindre des oxydes de manganèse et de plomb; non pas l'un ou l'autre, mais l'un et l'autre en même temps et en proportions égales.

Pourquoi cela ?

Nous allons avoir la témérité d'essayer de l'expliquer.

Nous avons dit que, pour passer de l'état liquide à l'état solide, l'huile avait besoin de faire avec l'oxygène une espèce de combinaison. Cet oxygène, elle le prend à l'air, mais elle peut en absorber une quantité appréciable sans s'y combiner, par conséquent sans sécher.

L'oxyde de manganèse a la propriété de prendre de l'oxygène là où il le trouve et, grâce à lui, de se transformer en double oxyde.

L'oxyde de plomb a la propriété non pas de prendre l'oxygène partout où il est, mais à ceux qui l'ont déjà pris.

Quant à l'huile, elle ne se combine bien avec l'oxygène que lorsqu'il est à l'état naissant, c'est-à-dire quand il quitte une combinaison pour entrer dans une autre.

En somme, nous avons à faire à trois voleurs qui s'entre-pillent perpétuellement ; assistons à leurs opérations, quand ils sont réunis.

L'oxyde de manganèse, prenant de l'oxygène où il en trouve, prend même celui qu'apporte l'huile et qui n'est pas encore combiné avec elle ; à ce métier, il s'enrichit vite et devient du bi-oxyde, ce qui est le millionnaire des oxydes. Alors l'oxyde de plomb lui vole son argent, c'est-à-dire son oxygène pour se l'approprier. L'huile apparaît ensuite, comme le troisième larron, et prend cet oxygène pour son compte, au moment précis où il passe du manganèse au plomb, car c'est dans ces conditions que l'huile se combine le mieux avec l'oxygène. Voulez-vous un exemple?

Un homme a dans son pré de l'herbe qui contient de l'azote, du phosphore et autres matières nécessaires à son alimentation, mais qui, sous cette forme d'herbe, lui seraient difficilement assimilables. Il donne cette herbe à sa vache, celle-ci la mange et absorbe ainsi l'azote, le phosphore, etc. Puis la fermière trait la vache, et l'homme, en buvant le lait, retrouve cet azote, ce phosphore, etc., qui sous cette nouvelle forme lui sont parfaitement assimilables, et il peut alors en profiter largement.

Si ces explications ne font pas complètement comprendre ce qui se passe, quand on met l'huile en présence du siccatif à base de manganèse et de plomb, cela peut au moins en donner une vague idée.

Le type le plus commun de ce genre de siccatif est celui qu'on appelle *siccatif de Courtrai*. Sa fabrication est à la fois barbare et mystérieuse. Quand vous demandez des renseignements à ce sujet aux marchands de couleurs, ils sont muets comme si leur arrière-boutique était le sérail ; ou bien, ils vous diront qu'ils font venir leur siccatif de Courtrai même... Quelqu'un a eu la naïveté d'y aller voir ! On n'y sait même pas ce que c'est. La vérité est que les marchands de couleurs ne fabriquent pas le siccatif eux-mêmes et que la plupart ne savent pas comment il est fait. Ils se contentent d'exiger qu'il soit bien noir (c'est absurde, mais absolument exact !) ; de sorte que le fabricant, qui pourrait, avec du soin, faire un produit meilleur, a les coudées franches pour laisser toutes les impuretés, puisque ce n'est jamais assez sale et qu'il est obligé d'y ajouter du noir de fumée.

Les marchands reçoivent ce siccatif en bidons et ils se contentent de le mettre dans des bouteilles, les plus petites possible. Ceux qui sont plus sérieux que les autres (il y en a) attendent quelque temps qu'il se soit éclairci, avant de faire cette opération ; mais alors il reste au fond du bidon un fort dépôt bourbeux et il faut avoir bien de la conscience pour consentir à faire cette perte-là.

Ce siccatif devrait être fait chimiquement pur : il serait alors beaucoup moins coloré et il pourrait être introduit dans les couleurs sous forme de pâte. On aurait ainsi l'avantage de pouvoir mieux doser la quantité nécessaire, car on en met toujours trop et il n'en faut que dans les couleurs qui ne sèchent pas facilement. Si cependant on tient à lui conserver la forme liquide à laquelle on est habitué, on devra d'abord le faire au pétrole, au lieu de térébenthine, pour les raisons déjà dites, et il ne faut pas le garder à sa portée dans un godet fixé à la palette, comme on le fait généralement, parce qu'à chaque instant on trempe son pinceau dedans, en s'en servant comme d'essence, et on finit par en mettre des quantités ridicules. D'autant mieux que, passé une certaine dose, cela ne fait pas sécher plus vite et qu'il est nuisible d'introduire les oxydes en trop grande proportion ; car, lorsque l'huile en est saturée, ils continuent leur petit commerce au détriment de certaines couleurs auxquelles ils restent mêlés.

CHAPITRE VII

LES RÉSINES ET LES VERNIS

Nous ne pourrons, pour cette étude, suivre la méthode que nous avons employée jusqu'à présent; car, s'il est indubitable que les peintres anciens ont mêlé des résines à leurs couleurs à l'huile, il nous est impossible de savoir quelles ont été ces résines, pour plusieurs raisons.

1° L'analyse chimique est encore impuissante à cet égard. Les résines n'ayant été étudiées sérieusement par personne, on ne connaît pas leur composition; on sait bien qu'elles contiennent de l'hydrogène, du carbone et de l'oxygène, mais les formules ne sont pas déterminées. Les quantités proportionnelles de ces trois

substances varient, non seulement pour chaque résine, mais encore dans une même résine
elles changent perpétuellement au contact de
l'air, soit en solutions, soit à l'état sec ; si bien
qu'en analysant une résine enlevée sur un vieux
tableau, on aura les proportions d'hydrogène,
de carbone et d'oxygène auxquelles elle est
arrivée dans cet état de vétusté, mais il sera
impossible de déduire de cette constatation
quelles étaient ces proportions dans son état
primitif.

2° Les recherches que l'on peut faire dans
les anciens ouvrages qui traitent de la peinture
ne fournissent que des renseignements obscurs
sur les résines que l'on employait, attendu que
les noms sous lesquels elles sont désignées
sont, pour la plupart, inconnus aujourd'hui et
que ceux qui ont traversé les siècles ont toujours été appliqués indifféremment à toutes
sortes d'espèces. Les noms des résines, même à
notre époque, ne sont pas encore fixes : ce que
nous appelons gomme copal en France est ap-
pelé résine animée en Angleterre, et *vice-versâ* :
cette gomme copal s'est tour à tour nommée

gomme de Calcutta, de Zanzibar, etc. — non pas qu'elle prît les noms des lieux de production, mais bien ceux des pays où se trouvaient établis des comptoirs. Or, comme la route des navires s'est modifiée par suite de la vapeur, des percements d'isthmes et autres circonstances, les comptoirs se sont déplacés et les noms ont changé. De plus, on a fait des classements arbitraires. Ainsi l'on a rangé plusieurs sortes de résines en trois catégories : les copals durs, les copals demi-durs et les copals tendres, quelquefois désignés aussi sous les noms de copals mâles et de copals femelles. Les copals durs étaient les mâles et les tendres les femelles, naturellement. Cette classification permet de vendre, sans mentir, sous le nom général de *vernis copal,* des dissolutions des résines les plus communes et les moins solides.

Pour augmenter encore la confusion, il est arrivé que la douane a frappé d'une taxe élevée toutes les résines d'importation, laissant presque indemnes toutes les gommes. Immédiatement, le commerce s'est empressé d'appeler gomme tout ce qui autrefois s'appelait résine, et maintenant il n'y a plus que les résines gros-sières, résidus d. la fabrication des essences fabriquées en France qui aient conservé leurs noms. Le résultat de tout ceci, c'est que lors-qu'on trouve une recette de vernis quelque part, on ne sait jamais au juste de quelle résine l'auteur veut parler. C'est ainsi que l'on voit à chaque instant des procédés donnés pour dis-soudre le vrai copal dur, soit dans une essence, soit dans l'alcool ou tout autre dissolvant. Or le vrai copal dur ne se dissout dans rien! ab-solument dans rien! Ou du moins, s'il en existe un dissolvant quelconque, n'est-il pas encore découvert au moment où ce livre est écrit. Il s'ensuit donc que, pour ne pas traiter de far-ceurs les praticiens qui l'ont soi-disant dissous, il faut couclure que la résine qu'ils ont prise pour du copal dur n'était pas la même que celle qui porte aujourd'hui ce nom.

Nous n'avons donc rien à retirer de l'exa-men des tableaux anciens à ce sujet, et il nous faut prendre les résines en l'état où elles nous sont présentées par le commerce actuellement.

Nous les classons en quatre groupes, en ne

nous basant ni sur leurs noms ni sur leurs lieux de production, tout cela pourrait changer encore, mais sur leurs dissolvants qui ne changent pas.

1er *groupe*. — Toutes les résines qui se dissolvent entièrement dans l'alcool à froid et pas dans l'essence, comme la *gomme laque*.

2e *groupe*. — Toutes celles qui sont dissoutes dans leur huile essentielle propre et pouvant s'étendre d'une autre essence, comme le *baume de Canada*, le baume de *copahu*, les *térébenthines de Chio*, de *Suisse*, de *mélèze*, de *Bordeaux*, la résine *élémi*, etc.

3e *groupe*. — Toutes celles qui se dissolvent indifféremment dans l'alcool et les essences à froid, telles que le *mastic*, la *sandaraque*, etc.

4e *groupe*. — Toutes celles qui ne se dissolvent dans rien sans le secours du feu, comme les gommes *copal*, de *Madagascar*, de *Manille*, etc.

Comment faut-il faire pour trouver dans tout cela les éléments d'un vernis propre à être introduit dans les couleurs?

Les ouvrages à consulter ne sont remplis que de recettes empiriques éternellement recopiées, dénaturées et jamais expérimentées par celui qui les décrit! Si quelque auteur apporte de temps en temps une nouveauté de son cru, on tombe sur des mixtures fantaisistes, comme, par exemple, de faire cuire de l'huile avec de la chaux pour en former une pommade à retoucher.

Le savant qui donne cette recette aux artistes leur avait déjà donné (il donnait beaucoup!) le bitume et l'huile grasse de funeste mémoire : autant dire la lèpre et la peste.

C'est d'un voyage en Italie qu'il avait rapporté cela, et il raconte lui-même comment il fit cette belle découverte. Un jour, il s'arrêta dans la rue pour contempler un noble vieillard qui, sur le pas de sa porte, peignait un tableau encore plus vieux que lui. Cette mise en scène n'avait rien d'étonnant dans une ville où tout le monde est plus ou moins brocanteur et restaurateur de tableaux ; mais une particularité avait vivement frappé le voyageur. Ce vieillard n'était pas seul : il était accompagné d'un petit pot ! Oui, un petit pot en faïence, dans lequel était une substance étrange. Dans ce petit pot, le vieillard trempait son pinceau automatiquement, à intervalles réguliers ; et chaque fois qu'après cette immersion, le pinceau revenait sur le tableau, celui-ci devenait plus sombre et plus vieux !... Oh ! le secret du petit pot ou la mort, n'est-ce pas ? (C'était en 1830...) Ce secret, le vieillard le tenait de son grand-père, qui le tenait du sien, qui l'avait hérité d'un ami dont un des ancêtres l'avait autrefois acheté à un bandit !... qui l'avait volé à un moine célèbre... aux environs de Florence.

— Fra Bartoloméo !... chut ! vieillard — tais-toi. — Voici de l'or.....

Et le petit manteau-bleu des peintres avait emporté son trésor par delà les monts, sans se rendre compte que ce mélange d'huile cuite et de chaux n'était autre qu'une espèce de savon noir !

Nous ne pouvons pas nous promener dans le dédale de toutes les recettes qui ont été publiées ; au fond, toutes se réduisent à ceci :

1° Employer les baumes en leur état naturel ;

2° Faire dissoudre une ou plusieurs résines dans l'alcool et les essences, et les employer à l'état de vernis ;

3° Faire cuire une résine dans de l'huile pour en faire un vernis gras, et y ajouter de la cire pour en faire une pommade.

L'emploi des baumes est à rejeter, parce que l'huile essentielle qu'ils contiennent, ne s'évaporant complètement qu'au bout de fort longtemps, empêche la couleur de sécher régulièrement. Il se forme une croûte à la surface, tandis qu'à l'intérieur il reste des parties molles ; et comme il faut toujours que l'essence du baume finisse par s'évaporer, même à travers les pores de l'huile sèche, les couches inférieures subiront alors un retrait qui fera craquer la surface.

Les vernis à l'alcool ne sont pas employés dans la peinture à l'huile ; mais il en est un cependant qui est trop souvent utilisé pour sa commodité : c'est le vernis à retoucher de Sœhné. Il ne se mêle pas aux couleurs, et on ne s'en sert que pour retirer l'embu et repeindre par-dessus. — Ce vernis est absolument pernicieux, parce qu'il est à base de gomme laque et que, celle-ci étant complètement insoluble dans l'huile, on sépare ainsi les couches de couleurs par des lames isolantes, qui font de la peinture une espèce de feuilleté sans cohésion. De plus, ce vernis est très altérable à l'humidité qui le rend terne et bleuâtre.

Les vernis à l'essence ont tous un premier inconvénient, qui tient à la nature même des essences qui ne s'évaporent pas complètement, laissant un résidu visqueux et coloré ; ensuite les résines avec lesquelles on fabrique ces vernis, ou ne sont pas solubles dans l'huile, ou forment avec elle un mélange poisseux désagréable à manier, ou bien se décomposent en présence du siccatif, comme le mastic, par exemple.

Quant aux vernis gras, on n'en connaît qu'un : le copal à l'huile. — C'est du reste le même que déjà, au XIIIe siècle, un savant moine employait pour préserver les peintures de son couvent.

Il le faisait cuire lui-même, pendant le calme

de la nuit, à cause des dangers de l'opération ; et lorsque les paysans, revenant des champs, passaient près de la vieille chapelle où il avait installé son laboratoire, ils se signaient en voyant s'échapper des ogives les vapeurs empestées, toutes rouges des reflets du brasier. Depuis on n'a rien trouvé de nouveau, excepté que ce n'est plus dans les vieilles chapelles, mais hors barrière, qu'on a relégué cette dangereuse et nauséabonde fabrication.

On en est resté absolument au même point. Certains industriels, ignorant même, encore qu'il existe des thermomètres à mercure montant à 400 degrés, n'ont pas d'autre moyen de reconnaître la température de l'huile que d'y laisser frire une gousse d'ail et une croûte de pain.

Prenons donc ce produit tel qu'il est, et voyons le parti qu'on en peut tirer pour la peinture. De toutes les résines qui ne se dissolvent dans l'huile qu'avec le secours du feu, nous choisirons la plus belle et la plus dure, le copal vrai, laissant toutes les autres qui ne doivent servir qu'à faire le vernis à voiture.

Pour reconnaître à première vue les résines, il ne suffit pas d'en avoir lu la description : il faut les avoir longtemps manipulées. Si les jeunes peintres avaient à leur disposition des spécimens de toutes les résines, comme aussi, du reste, de toutes les matières qui servent dans la peinture, ils pourraient, sans grand travail, se familiariser avec tous ces produits de la nature ou de la science dont ils ignorent aujourd'hui même les noms : et ce leur serait d'une grande utilité plus tard. Il semble qu'à l'École des beaux-arts une collection de ce genre devrait trouver sa place dans un laboratoire, où un praticien pourrait montrer aux élèves les différentes préparations élémentaires qui constituent le matériel des arts ! Espérons ! Le copal vrai se désorganise à 370 degrés de chaleur. Soumis à cette température, il émet des vapeurs qui se condensent en une huile empyreumatique, comme toutes les résines qui se désorganisent sous l'action du feu.

Lorsque le copal a ainsi perdu en vapeurs 10 0/0 de son poids, il peut se dissoudre dans l'essence d'aspic : c'est ce qu'on appelle le copal à l'essence, qui est la base du siccatif de Harlem (n'allez pas le chercher dans cette ville). En cet état, le copal ne se dissout ni dans l'huile, ni dans l'essence de térébenthine, ni dans le pétrole, et il donne un déplorable résultat si on le mêle aux couleurs. Il semble les faire sécher parce qu'aussitôt que l'essence d'aspic est évaporée, ne restant pas dissous dans l'huile, il devient sec par lui-même; mais il apporte aussi dans la peinture une matière étrangère qui ne fait pas corps avec elle (nous en dirons les effets plus loin). En tous cas, ces préparations ne sont que de faux siccatifs qui ne font nullement sécher l'huile, puisque celle-ci ne se solidifie qu'en s'oxygénant. Lorsqu'en poursuivant l'opération de la désorganisation du copal par la chaleur, celui-ci a perdu 25 0/0 de son poids, il peut se dissoudre dans l'huile et les essences, même à froid. C'est le produit connu sous le nom de *copal à l'huile*. Il peut alors s'étendre d'essence ou de pétrole, et il n'est plus nuisible dans la peinture, si ce n'est qu'il est très jaune et qu'il jaunit encore avec le temps. Il sèche mal et laisse une surface terne.

En réalité, cette résine, en solution dans l'huile, n'est plus du copal dur : si on la sépare de l'huile, elle est sèche, jaune et friable entre les doigts comme de la colophane.

Ce n'est donc pas la peine de prendre la résine la plus rare et la plus solide, puisqu'on ne peut l'utiliser qu'en la rendant semblable à la plus commune et à la plus fragile.

Quand on n'avait pas encore fait les expériences qui ont permis de se rendre compte de cela, on mettait le copal dans l'huile sur le feu et, l'y voyant fondre, on s'imaginait qu'il y était incorporé avec toutes ses qualités. Aujourd'hui on est bien forcé de reconnaître qu'il se produit la même désorganisation dans l'huile chaude. Aussitôt que celle-ci atteint la température de 370 degrés, les mêmes vapeurs s'échappent et ce n'est que lorsque le copal y a perdu 25 0/0 de son poids qu'il commence à se dissoudre. Seulement il est presque impossible d'empêcher l'huile de monter à une température plus élevée, et alors le copal se brûlant se transforme en partie en charbon, qui, avec son huile empyreumatique, fait du véritable goudron. Il en est de même pour toutes les résines du 4ᵉ groupe qui ont besoin du secours du feu. On ne les dissout pas elles-mêmes, on ne dissout que les produits de leur désorganisation. L'ambre, succin ou karabé, dont on a beaucoup parlé ces derniers temps, se comporte absolument comme le copal. Cependant des personnes, dont on ne peut mettre en doute la véracité, ont affirmé avoir trouvé le moyen de dissoudre l'ambre ou le copal sans le secours du feu. Il n'y a qu'une seule observation à faire à ce sujet : c'est que l'on peut désorganiser le copal par des moyens chimiques autres que la chaleur et que l'on obtient ainsi le même résultat. Ce qu'il faudrait nous montrer, c'est un vernis fait avec du copal, qui, une fois sec, serait aussi brillant, aussi transparent et aussi dur que le copal lui-même. Cela, on ne l'a pas encore vu !

De tout ce qui précède, il résulte qu'aucune des résines connues n'est propre à être introduite dans la peinture. Faut-il attendre qu'on en découvre d'autres? Non! Il faut en faire une, ou plutôt il faut en épurer une. Après bien des tâtonnements et de patientes études, nous pouvons affirmer que presque toutes les résines, telles qu'on les récolte, sont dans un état partiel de désorganisation, ou, si vous aimez mieux, en voie d'organisation, ce qui est bien presque la même chose. Toutes leurs parties ne sont pas solubles dans les mêmes dissolvants, n'ont pas la même coloration, ne fondent pas au même degré de température, et ne contiennent pas les mêmes proportions d'hydrogène, de carbone et d'oxygène.

Dans une seule résine, nous avons pu en isoler ainsi jusqu'à vingt-trois différentes. — Ces parties sont en proportions variées non seulement dans chaque résine, mais dans une même résine : les proportions sont sensiblement variables de mois en mois. Le seraient-elles éternellement, ou bien existe-t-il un état définitif vers lequel toutes les parties sont en marche et auquel elles doivent s'arrêter? Nous ne le savons pas. Nous n'en avons jamais trouvé qui soient arrivées à cet état. Par contre, nous avons remarqué dans plusieurs une partie plus ou moins considérable qui n'est plus divisible, est incolore, dure, cristallisable, absolument transparente, soluble à froid dans l'huile et le pétrole, et qui serait, si l'on veut admettre cette définition, la *résine normale*, n'ayant encore subi aucune transformation. C'est cette *résine normale* que l'on doit rechercher, si l'on veut avoir une substance toujours invariablement semblable à elle-même, quels que soient le climat du pays, la nature du terrain où pousse l'arbre qui la produit, la manière dont on l'a récoltée et les altérations qu'elle a pu subir; car toutes ces conditions, que l'on ne peut connaître, ont de l'influence sur la composition des résines, qui par conséquent, quoique de mêmes espèces, ne sont jamais absolument pareilles. Avec cette *résine normale* nous composerons, à l'aide des pétroles à différents degrés d'évaporation, les trois sortes de vernis qui sont nécessaires pour faciliter le travail dans le procédé de la peinture à l'huile :

1° Le vernis à retoucher;

2° Le vernis à peindre (ou vernis gras);

3° Le vernis à tableau (ou vernis final).

VERNIS A RETOUCHER

Les embus, dont nous parlerons plus tard à propos de l'exécution d'un tableau, ne doivent plus gêner le peintre, puisque, avec un léger frottis du *vernis à retoucher*, il peut les faire disparaître à mesure qu'ils se produisent.

Ce vernis séchant en quelques minutes, on peut repeindre immédiatement par-dessus; et comme il forme un lien solide entre les couches de peinture superposées, il est même très nécessaire de ne jamais repeindre un morceau qui n'en serait pas préalablement recouvert.

Il peut être mélangé aux couleurs pour faire des glacis rapides, mais il est trop volatil pour être employé à peindre en pleine pâte.

Pour cet usage, on se servira du vernis à peindre.

VERNIS A PEINDRE

Ce vernis, que l'on doit avoir dans le godet de la palette, s'emploie pour peindre en le mêlant, à l'aide d'un pinceau, avec les couleurs

dont il augmente la fluidité, l'éclat et la solidité. Il est d'un excellent usage pour les glacis
et, n'étant pas trop siccatif, il permet de modeler longtemps dans la pâte fraîche. Il remplace
le vernis à retoucher dans tous les cas où l'on
désire repeindre dans le mouillé, au lieu de
repeindre à sec; et mêlé avec celui-ci en toutes
proportions, il peut se prêter à tous les besoins.
Tous ces vernis sont composés de pétroles
épurés, plus ou moins volatils, ne laissant
aucun résidu après leur évaporation, et de matières solides, absolument solubles dans l'huile
à froid. De sorte que, soit que l'on peigne par-
dessus, soit qu'on les mêle directement aux
couleurs, ces matières sont toujours pénétrées
par l'huile, s'y dissolvent facilement, et, faisant complètement corps avec elle, lui donnent
beaucoup plus de résistance, sans lui retirer de
sa souplesse et sans gêner son travail de rétrécissement. De plus, ces vernis rendent le séchage de la peinture plus prompt et plus égal
par un phénomène qu'une courte explication
fera comprendre. Comme nous l'avons dit déjà,
l'huile pour sécher a besoin de s'oxygéner. Li-

vrée à elle-même, elle emprunte de l'oxygène à l'air. Si elle est additionnée de siccatif, c'est celui-ci qui récolte l'oxygène pour le transmettre à l'huile, ce qui va beaucoup plus vite; mais, en tout cas, le contact de l'air est toujours indispensable.

Lorsque la première pellicule s'est formée à la surface, ce contact n'ayant plus lieu qu'à travers les pores de l'huile sèche, le séchage des couches profondes se trouve naturellement d'autant plus retardé que cette pellicule s'épaissit. Or, parmi les matières qui contiennent ces vernis, se trouve une assez grande quantité d'oxygène dans un état chimique qui le rend très facilement assimilable à l'huile : celle-ci peut donc, s'oxygénant sans le secours de l'air, sécher beaucoup plus vite et d'une façon égale à toutes les profondeurs. Il est encore utile d'expliquer que tous les vernis à retoucher et tous les glutens, pommades ou siccatifs que l'on a jusqu'à présent introduits dans la peinture à l'huile, à part qu'ils jaunissent et noircissent considérablement, ont le grave défaut d'être en grande partie composés de substances insolubles dans l'huile à froid, ce qui fait que les couches successives de couleurs sont séparées par des lames isolantes et que l'huile avec laquelle ces couleurs sont broyées se trouve divisée par des matières étrangères, inégalement réparties, qui se solidifient plus vite qu'elle et deviennent plus dures et plus cassantes.

Il s'ensuit que l'huile, qui en séchant se rétracte, ne peut plus faire son travail régulièrement, au milieu de tous ces obstacles; il se produit alors des solutions de continuité qui déterminent des gerçures et des craquelures qui vont toujours en augmentant à mesure que le travail de l'huile se produit. Et ce travail de rétrécissement de l'huile dure des années!

Ces accidents ne sont pas conjurés par le vernis final, puisque les causes persistent dessous. Souvent même ils en sont augmentés, car le vernis apporte lui-même une nouvelle résistance, s'il n'est pas parfaitement souple, et il craque à son tour quand il est trop sec. Il faut donc apporter le plus grand soin au choix du vernis à tableaux.

VERNIS A TABLEAUX

Le vernis final que l'on étend sur le tableau terminé a pour but, tout en donnant de l'éclat et de la transparence aux couleurs, de le préserver du contact direct des impuretés qui se déposent à sa surface, ainsi que des gaz répandus dans l'atmosphère. Et cela, sans entraver le travail incessant de rétrécissement et de dilatation de l'huile, du bois et de la toile.

Il faut donc, pour que ce but soit atteint, que ce vernis reste incolore et transparent, qu'il soit toujours à la fois résistant et souple ; qu'il puisse se laver quand il est encrassé et qu'enfin lorsqu'on veut l'enlever, on le puisse faire sans endommager la peinture.

Or, tous les vernis employés jusqu'à ce jour jaunissent, plus ou moins, en vieillissant. Ils bleuissent à l'humidité, poissent à la chaleur, craquent, se gercent et avec le temps finissent toujours par blanchir et devenir opaques. On ne peut les laver lorsqu'ils sont sales, sans les abîmer, puisqu'ils ne supportent pas l'humi-

dité. Il faut les renouveler et on ne peut les enlever qu'en les usant au doigt, ou en les détrempant avec de l'alcool et de l'essence de
térébenthine.

Tous ces procédés, quelques soins que l'on
prenne, attaquent toujours un peu la peinture,
si bien qu'après plusieurs dévernissages un
tableau est à moitié détruit. Beaucoup d'amateurs connaissent ce danger; aussi préfèrent-
ils souvent conserver leurs tableaux enfumés,
presque invisibles sous des vernis détériorés,
que de risquer l'aventure.

Le vernis que nous proposons joint à toutes
les qualités requises le grand avantage de pouvoir être nettoyé aussi souvent qu'on le désire,
sans en être en rien altéré, ce qui permet d'entretenir les tableaux dans un continuel état de
propreté, absolument nécessaire à leur bonne
conservation. Le pétrole avec lequel est fait
ce vernis, s'évaporant moins vite que l'essence,
rend le vernissage beaucoup plus facile, en
permettant à l'opérateur d'étendre sa couche
plus longuement, sans que pour cela le séchage en soit retardé : au contraire, car ce

vernis est complètement sec au bout d'une heure environ. De plus, comme il ne contient aucune matière visqueuse, il ne poisse pas pendant des journées entières, engluant toutes les poussières en suspension dans l'air.

Pour les soins à prendre afin de vernir dans de bonnes conditions. (Voir page 301.)

CHAPITRE VIII

LES TOILES, LES PANNEAUX
ET LEURS ENDUITS. LES COLLES

Ayant choisi avec le plus grand soin les ingrédients qui servent à peindre, il faut encore
savoir sur quoi l'on doit peindre ; la question
des toiles, panneaux, etc., est de la plus grande
importance.

Un tableau se compose de trois éléments
bien distincts :

1° Le subjectile, ou la matière sur laquelle
on peint, bois, toile, pierre, papier, etc. ;

2° L'enduit avec lequel on recouvre le subjectile ;

3° La peinture, formée des couches successives de couleurs que l'on applique sur l'enduit.

Si la peinture est faite dans de mauvaises conditions et contient en elle-même les germes de sa destruction (comme on l'a vu plus haut), le tableau est perdu sans ressource. Ce n'est pas la bonne qualité du subjectile et de l'enduit qui le sauveront.

Mais, étant admise l'hypothèse que la peinture est aussi parfaite qu'elle doit l'être, il faut encore que le subjectile et son enduit, les deux éléments constitutifs du tableau, eux aussi soient parfaits.

Le subjectile sera choisi d'abord le plus solide possible, mais on peut encore le préserver de bien des causes de destruction en le recouvrant par derrière et sur les côtés à l'aide de mastics et de vernis protecteurs appropriés à sa nature. (Voyez page 309.)

Si cependant il vient à se détériorer quand même, un restaurateur de tableaux habile peut encore sauver la peinture en la transportant sur une autre toile ou un autre panneau, à la condition toutefois que l'enduit qui la soutient soit resté en bon état.

On trouve la preuve de cette conservation de la peinture sur des subjectiles détruits dans l'examen des vieux triptyques, dont les trois panneaux du même bois, peints par le même artiste sur des enduits semblables, sont dans les meilleures conditions pour être utilement comparés. Presque toujours le panneau du milieu, restant appliqué au mur, est pourri par l'humidité, tandis que les deux volets entourés d'air sont encore parfaitement sains. Dans ces conditions, quand les enduits sont bons, la peinture est également conservée sur le panneau du milieu et sur les volets, tandis qu'au contraire, sur de mauvais enduits, la peinture est endommagée sur le panneau pourri et conservée sur les volets en bon état.

C'est donc, en somme, de la qualité de l'enduit que dépend la conservation de la peinture. Mais il ne suffit pas que l'enduit soit solide : le fût-il comme l'acier, fût-il même indestructible comme le diamant, on lui demanderait encore d'être moins cassant, car s'il s'écaillait, se fendait ou se pulvérisait, il entraînerait la peinture avec lui. Il doit même être assez souple pour se prêter aux tiraillements de celle-ci lorsqu'elle se détracte en séchant, et il faut cependant qu'il soit assez résistant pour la préserver des mouvements trop brusques du subjectile. Il doit absorber les excès d'huile et de vernis qui lui viennent de la peinture et repousser tout ce qui pourrait pénétrer par le subjectile. Enfin, forcé d'obéir aux moindres caprices de celle-là et de résister à toutes les attaques de celui-ci, on lui demande, comme à tous les domestiques, d'avoir toutes les qualités.

Malgré l'importance du rôle que joue l'enduit et peut-être plutôt à cause de cette importance, on le supprime souvent : d'abord, pour la peinture sur papier, à l'aquarelle et au pastel, où il n'est pas nécessaire, et parfois même pour la peinture à l'huile, en peignant directement sur les subjectiles.

Dans ce cas, on les doit choisir ayant un peu des qualités qu'aurait eues l'enduit, c'est-à-dire se dilatant et se rétrécissant peu, d'un grain fin, uniformément poreux et ne contenant ni acides, ni résine, ni aucunes autres matières capables d'influencer la couleur ; si on les trouve trop absorbants, on fera bien de passer, avant de peindre, un peu de vernis à retoucher ou du vernis à peindre, ou un mélange des deux, selon que l'on désire peindre à sec ou faire au contraire glisser la couleur (Voyez page 186).

Les anciens ont peint sur bois, sur des peaux tannées, sur lave, sur marbre, sur ardoise, sur métaux, sur les murs recouverts d'un mortier de chaux et sur la pierre même, après l'avoir saturée d'un enduit de résine que l'on faisait pénétrer par la chaleur d'un réchaud.

Leurs panneaux portatifs étaient très épais et très solides. On raconte qu'au siège de Rhodes, les soldats se servaient des tableaux d'Apelle en guise de table. Au moyen âge, on peignit sur les mêmes matières, mais surtout sur bois, principalement le chêne et le peuplier. La jointure des planches qui formaient le panneau, et l'enduit de celui-ci, étaient faits de colle animale (Taurocolla) ou de colle de farine mêlée avec du plâtre ou de la craie, ou bien encore d'une colle de fromage et de chaux dont Théophile, dans un manuscrit célèbre, décrit la recette (Voyez page 309). Cette dernière colle est de beaucoup la plus solide. On a constaté que sur des vieux panneaux totalement pourris l'enduit était resté intact, et que même à l'endroit des joints consolidés par des bandes de toile imprégnées de cette colle, le bois qui en était recouvert avait été préservé.

Quelquefois, pour les tableaux de prix, on collait sur toute la surface du panneau un cuir que l'on enduisait de résine ou que l'on recouvrait de plaques d'or. Mais comme on ne pouvait faire ces plaques aussi minces qu'on les fait aujourd'hui, cela constituait une valeur importante qui tentait la cupidité des iconoclastes et presque tous les tableaux peints sur ces fonds que l'on avait fait indestructibles, furent justement ceux qui furent le plus tôt détruits.

L'usage exclusif des panneaux de bois s'est conservé en Italie jusqu'à Raphaël et dans les Pays-Bas, beaucoup plus tard, jusqu'à Rubens.

On avait alors tellement la conviction que les panneaux sur lesquels on peint doivent être scrupuleusement choisis que le gouvernement avait monopolisé leur fabrication. On n'y employait que des bois absolument secs et sans défauts, travaillés par les meilleurs ouvriers, et il était interdit, sous peine d'amende, à quiconque de peindre sur d'autres panneaux que ceux du gouvernement, pour ces motifs : « que le génie d'un artiste est le patrimoine de sa patrie, que celle-ci a le devoir de garantir la plus longue durée possible aux chefs-d'œuvre qui lui peuvent naître, et que, pour ce faire sûrement, il faut prendre des précautions égales à l'égard de tous les tableaux ; attendu qu'un peintre, quelque célèbre qu'il doive devenir, commence toujours par être inconnu, qu'il peut, par hasard, être modeste ; et par conséquent, ignorant quelle sera plus tard la valeur de l'œuvre qu'il entreprend, il ne faut pas qu'il puisse en compromettre l'existence par négligence ou économie ! »

Cette loi, qui aujourd'hui ferait sourire bien des gens, fut rigoureusement appliquée pendant la belle époque de l'école hollandaise, et c'est peut-être bien à elle que nous devons la conservation de beaucoup des plus belles perles des musées de l'Europe.

Lorsque l'usage de la toile se répandit, on n'abandonna pas pour cela les enduits dont on s'était servi pour les panneaux de bois, et c'est sur les mêmes préparations de colle et de craie que peignirent les premiers qui employèrent la toile comme subjectile.

Ces préparations furent ensuite abandonnées peu à peu, c'est-à-dire que les enduits de colle devenus de plus en plus minces furent recouverts par d'autres, faits d'huile et de blanc de plomb, et que l'on finit par ne plus mettre de colle du tout.

Mais on s'aperçut bientôt que la toile en contact direct avec l'huile se brûlait et ne gardait pas plus de consistance que de l'amadou. Ce triste résultat constaté, on en revint à passer une première couche de colle, simplement pour isoler la toile de l'enduit à l'huile ; mais on se contenta d'une colle gélatineuse perméable à l'humidité et les toiles se pourrirent.

On essaya de mettre alors, par derrière les toiles, une autre couche de colle isolante recou-

verte d'un second enduit à l'huile et de les
faire passer entre deux cylindres pour les ser-
rer. Mais, ainsi emprisonnées, elles perdaient
toute souplesse et ne pouvaient plus se tendre
sur les châssis; alors on tendit la toile d'abord
et on mit les enduits sur la toile tendue en mul-
tipliant les couches de blanc à l'huile pour obtenir, en dissimulant totalement les grains du
tissu, une surface aussi lisse que sur un panneau.

Cette façon de procéder avait l'inconvénient
d'encombrer de châssis les ateliers, chaque
toile, pour être bien faite, demandant deux ou
trois ans de préparations et devant rester
exposée au jour tout le temps; aussi, pour
abréger, usait-on de moyens siccatifs : rempla-
cement d'une partie de l'huile par de l'essence
de térébenthine, emploi d'huile cuite avec de
la litharge, terre d'ombre ou ocre rouge mélangé avec le blanc et même s'y substituant
complètement

Ces pratiques n'étaient pas pour améliorer
les qualités d'un enduit déjà destiné à s'écailler
fatalement, au contraire; mais elles facilitaient

la fabrication de ce genre de toiles qui assurait aux peintres une exécution rapide et précieuse en grande faveur pendant longtemps, surtout parmi les portraitistes dont la suprême ambition était d'imiter la porcelaine.

Se doutaient-ils qu'ils imiteraient jusqu'à ses craquelures ? En tous cas, le temps a bien vengé la pâte tendre de ces coupables prétentions : aujourd'hui un portrait d'aïeul *craquelé* perd beaucoup de sa valeur !

Après cette période de toiles cassantes, les lois ordinaires de toutes les réactions amenèrent le goût des toiles souples et l'on s'ingénia de diverses manières à leur procurer cette qualité. On additionna la couche de colle de mucilages, tels que graine de lin, bave d'escargots, miel, lait de figuier, etc. On employa aussi de l'huile rendue visqueuse par le rancissement, c'est-à-dire acidifiée et ne séchant jamais. Par économie, les fabricants substituèrent au blanc de plomb la craie, les blancs de Troyes, d'Espagne, de Meudon de Bougival, la terre de pipe, etc., qui leur donnaient aussi de bons résultats au point de vue de la souplesse, tous les carbonates de chaux ne séchant jamais à fond lorsqu'ils sont broyés à l'huile.

Tout le monde a pu constater en effet que le mastic des vitriers qui est fait de blanc d'Espagne et d'huile reste mou sous une couche durcie et ridée même après plusieurs années.

On comprendra donc facilement que la peinture doit se fendiller sur de tels enduits qui continuent à se rétrécir longtemps après qu'elle est sèche.

L'invention des chemins de fer, qui a bouleversé tant de choses, n'est pas non plus sans influence sur les toiles à peindre, car les tableaux qui voyagent maintenant comme tout le monde, étant constamment roulés et déroulés, nécessitent l'emploi de toiles de plus en plus souples et l'on ne s'occupe plus guère que de conserver à celles-ci cette propriété.

Voici, du reste, quel est le dernier perfectionnement de cette fabrication.

Par une anomalie inexplicable, la toile écrue paye plus cher à la douane pour entrer en France que la toile préparée. Or, la toile à peindre se fabriquant principalement en Hollande et la main-d'œuvre s'y payant moins cher qu'à Paris, on a pris le parti d'y faire les enduits sur place et d'expédier la toile toute préparée en gros rouleaux : ce qui a le double avantage de revenir moins cher et de ne pas encombrer les magasins. De plus, ces toiles étant roulées aussitôt que possible, l'huile, privée de lumière avant d'être sèche, rancit et laisse de la souplesse à l'enduit, comme il a été dit plus haut.

Ces toiles sont donc parfaites! pour les marchands, oui! Mais elles sont jaunes, elles empestent et laisseront à la postérité des tableaux noircis et gercés. Il est vrai que les fabricants ne travaillent pas pour la postérité.

En comparant les unes avec les autres les œuvres qui nous sont restées et en examinant les matières sur lesquelles elles ont été peintes, il est facile de se convaincre que les tableaux les mieux conservés sont peints sur enduits à la colle.

Est-ce à dire que tous ceux qui sont sur enduits de colle soient bien conservés? Certes, non. Mais cela ne change pas le principe, parce que, bien souvent, la cause de la destruction est indépendante de l'enduit et qu'ensuite la colle employée était de mauvaise qualité.

La colle doit être imperméable à l'humidité, imputrescible, souple et absolument neutre. Dans ces conditions, elle isole les couleurs de toutes réactions chimiques venant par le subjectile; n'ayant ni contraction, ni dilatation, elle ne peut occasionner aucune craquelure et sa souplesse lui permet d'obéir aux mouvements du bois et de la toile; tandis que les enduits à l'huile, au contraire, s'oxydant, deviennent jaunes, produisent des réactions chimiques sur certaines couleurs, se rétrécissent et finissent toujours par devenir cassants.

La conclusion de tout ceci est donc qu'il faut rejeter tous les enduits à l'huile et se contenter de la colle. Mais il faut la bien choisir.

LES COLLES

— Comment faut-il s'y prendre pour étudier les colles?

— Comme pour toutes les autres études, en

consultant les ouvrages qui traitent de la matière.

— Bien! mais les praticiens habiles, ceux qui connaissaient leur affaire, n'ont pas laissé de livres et il faut se débrouiller dans un déluge de manuels et de recueils à peine intelligibles.

Les recettes qu'on y trouve sont souvent inexécutables. La plupart du temps ces recettes sont dénaturées par des erreurs d'imprimerie successives et dans cet état elles ont été pieusement recueillies, réimprimées et peut-être traduites en plusieurs langues par un de ces faux savants qui écrivent sur toutes choses, se contentant de recopier ce que l'on a fait avant eux, sans le comprendre et sans jamais rien expérimenter par eux-mêmes.

C'est ainsi que les plus grandes erreurs et les plus grosses bêtises se promènent à travers les âges, de livre en livre, comme parole d'Évangile.

Si cependant vous désirez consulter tous ces bouquins d'autrefois, voici une espèce de clé pour en faciliter la compréhension.

Quand on vous parlera d'écailles d'huîtres,

d'yeux d'écrevisses, de corne de cerf, de nacre, de perles, vous saurez que c'est du carbonate de chaux dont le type est la craie. Quand on vous parlera du sang de cochon ou d'autre victime, de lait, de fromage frais, de croûte de gruyère, de jaune d'œuf et d'insectes pilés, tout cela en principe est de la caséine, de la fibrine ou de la vitelline, qui sont presque la même chose.

Le blanc d'œuf est de l'albumine ; s'il est question de vessies de poissons, de queues de vaches, vieux gants, tiges de bottes, peaux de lapins pelées, chevreaux mort-nés ou pieds de moutons, tout ça c'est de la gélatine.

Tous les farineux féculants, le froment, le seigle, le sagou, le manioc, le riz, la pomme de terre, etc., fournissent l'amidon et le gluten.

Beaucoup d'arbres et de plantes exotiques dont les noms sont latins, mais ne sont pas les mêmes dans tous les livres, donnent les gommes et les résines ; et si, dans quelques recettes, vous voyez qu'il faut brûler un cierge au-dessus du chaudron, ce n'est que la cire qui en tombe qui puisse être utile.

Quant à la chaux vive, l'urine de chameaux et le fumier, ils agissent comme alcalis et peuvent être dans presque tous les cas remplacés par l'alcali volatil (ammoniaque).

Enfin vous verrez encore figurer d'autres ingrédients sans importance, qui ne doivent être considérés que comme hors-d'œuvre, parmi lesquels le suc de figuier, le sirop d'escargots, la graine de lin, le miel, sont employés comme mucilages pour apporter de la souplesse et dont aucun ne vaut la glycérine pour cet usage.

Toutes les colles imaginées et décrites jusqu'à ce jour (il y en a des milliers) ne sont faites en réalité qu'avec huit substances, dont quatre animales et quatre végétales.

Animales.	Végétales.
Gélatine.	Amidon.
Albumine.	Gluten.
Caséine (ou fibrine ou vitelline).	Gommes.
Cire.	Résines.

Comme mucilage, la glycérine et, comme alcali, l'ammoniaque, apportent un concours souvent indispensable.

En prenant donc ces substances chimiquement pures, on peut par leurs mélanges reconstituer toutes les colles anciennes les plus compliquées. Il suffit pour cela de se rendre compte de celles de ces substances que peuvent contenir les matières qui composent la colle que l'on veut reproduire.

Par exemple, voici dans un vieux manuscrit la recette naïve d'une colle qu'employaient des Bénédictins pour préparer le parchemin des missels sur lequel ils peignaient des miniatures : récolter des abeilles durant les mois d'été après vêpres, les piler dans un mortier avec de l'eau de chaux, et filtrer ensuite la bouillie à travers un linge.

En soumettant cette mixture étrange à l'analyse, nous trouvons que les abeilles contiennent, comme tout animal du reste, un peu de gélatine, de la fibrine et en plus de la cire et du miel.

La présence de la chaux transformait la fibrine en colle et rendait la cire miscible à l'eau : le filtrage séparait les détritus inutiles, les pattes, les ailes et autres impuretés. Quant à la recommandation de choisir les mois d'été et les heures du soir, c'est sans doute qu'à cette époque de l'année les abeilles font plus de cire et de miel et qu'à la tombée du jour elles en sont plus chargées.

Synthétisons maintenant.

Au lieu de fibrine, nous prendrons la caséine, qui est analogue; au lieu du miel, la glycérine; au lieu de la chaux, l'ammoniaque : nous ajouterons la gélatine, la cire et l'eau et, sans avoir même besoin de filtrer, nous aurons reconstitué la colle des Bénédictins, qui est en effet excellente pour l'usage auquel ils l'employaient. Elle est absolument imperméable à l'humidité, imputrescible, souple et parfaitement bonne pour préserver les feuillets d'un livre destiné à être souvent manié.

Et voilà comme quoi la science, qui immole parfois tant de victimes, peut aujourd'hui sauver les abeilles du terrible pilon des moines et les laisser bourdonner en paix parmi les fleurs des prés !

Avec les huit substances indiquées, on ne doit pas se borner à refaire les colles d'autrefois : il faut en composer de nouvelles.

Seulement, quand on pense que chacune de ces substances peut isolément être traitée de différentes façons et que certaines d'entre elles, comme la gomme et la résine, offrent des types différents et nombreux dont il faut étudier les qualités séparément ; quand on pense à la quantité de combinaisons que peuvent produire déjà huit chiffres ; que dans chacune de ces combinaisons les proportions peuvent changer à l'infini, et qu'il est nécessaire ensuite d'essayer toutes ces colles, d'abord sur les subjectiles de toutes sortes pour voir comment elles se comportent avec le bois, la toile, le carton, le papier, etc. ; qu'après il faut étudier ce que deviennent tous les genres de peintures que l'on applique dessus, à l'humidité, à la sécheresse, au soleil, dans l'obscurité, et qu'il est prudent d'attendre plusieurs années pour juger sérieusement les résultats de ces essais, on comprend que ce n'est que vers la fin de sa carrière qu'un expérimentateur honnête peut se permettre de dire qu'il croit avoir fini.

Voyons maintenant comment chacune de

ces huit substances peut se transformer en colle ou y être assimilée.

La *gélatine*, dissoute dans l'eau, donne les colles vulgairement connues sous les noms de colle de peaux et de colle forte; on peut donner de la force à ces colles de gélatine par l'adjonction de chaux vive, de vernis gras ou de gomme laque, ou les conserver liquides à froid par l'acide acétique ou autres procédés; on leur donne de la souplesse par la glycérine, le chlorure de calcium et le caoutchouc; et enfin on les rend insolubles par l'acide chromique, l'acétate d'alumine et le bichromate de potasse. (Voyez page 315.)

L'*albumine* s'obtient en battant en neige des blancs d'œufs et en récoltant au bout d'une heure le liquide qui s'en dégage : on en trouve dans le commerce à l'état sec. Cette colle s'assouplit aussi avec la glycérine et devient insoluble lorsqu'elle est chauffée à 100 degrés, étant humide.

La *caséine* se trouve à l'état sec chez les marchands de produits chimiques et l'on peut la retirer soi-même du fromage. Elle s'assouplit avec la glycérine. (Voyez page 309.)

La *cire* est un produit naturel : il faut la choisir exempte du suif que les marchands y ajoutent. On la rend miscible à l'eau par l'alcali volatil (ammoniaque). (Voyez page 320).

L'*amidon* et le *gluten* fournissent la colle de pâte, la dextrine, etc. (Voyez page 316.)

La *gomme* se dissout dans l'eau simplement. En ajoutant de l'acide borique à l'eau gommée, elle se garde longtemps sans se corrompre. Elle s'assouplit avec la glycérine.

Les *résines* dissoutes dans l'huile (vernis gras) ou dans les essences se mêlent aux colles en l'état d'émulsions ou directement par le moyen des alcalis, comme la gomme laque par exemple, qui, dissoute dans le borax ou l'ammoniaque, peut être ainsi introduite dans les colles. (Voyez page 318.)

Avec ces données, chacun pourra s'ingénier à trouver les combinaisons qu'il voudra pour les approprier à tous les usages; mais nous nous sommes ici borné à la recherche des meilleurs enduits pour les subjectiles destinés à la peinture à l'huile.

Le grand défaut de ceux qui ont fait des recherches sur un sujet et qui en écrivent, c'est
qu'ils veulent faire sentir à leurs lecteurs toute
l'étendue de leurs travaux et qu'ils commencent, avant d'en donner le résultat auquel ils
ont abouti, par raconter tous les essais infruc-
tueux qu'ils ont faits, — semblables aux esca-
moteurs qui ratent leur tour plusieurs fois pour
mieux épater le public, quand enfin ils le réus-
sissent.

Laissant de côté cette pratique prétentieuse,
nous dirons tout de suite que la meilleure de
toutes les colles que l'on puisse employer pour
préparer des toiles, panneaux ou cartons destinés à recevoir de la peinture à l'huile est la
colle au fromage (ou colle de caséine); mais
il y a une manière de la faire qu'il faut suivre
à la lettre, si l'on veut avoir de bons résultats.
(Voyez page 309.)

Lorsque l'enduit à la colle a été exécuté sur
l'endroit de la toile dans de bonnes conditions,
il faut encore se préoccuper de l'envers, et y
mettre aussi un enduit qui soit imperméable à
l'eau et à l'huile pour que l'excès de celle-ci,

provenant des couleurs, ne traverse pas le tissu, ce qui pourrait le brûler, et pour que l'humidité ne puisse pas le pénétrer, ce qui pourrait le pourrir.

Il faut aussi que cet enduit soit souple pour que la toile puisse se rouler facilement. Plusieurs matières peuvent remplir ce programme : le caoutchouc dissous dans le pétrole, la cire et la résine, la gomme laque. Mais ce qui est encore mieux surtout pour les toiles de petites dimensions, qu'il est inutile de trop épaissir, ce sont deux couches de fixatif à aquarelle.

On a conseillé, par surcroît de précautions, de mettre aussi une couche ignifuge quelconque pour préserver du feu; mais on n'en peut pas mettre par devant sur la peinture, et ce serait, par conséquent, peu efficace en cas d'incendie. Il serait plus sûr de clouer une toile métallique sur un châssis léger, que l'on attacherait par des charnières derrière le tableau (pour permettre de l'ouvrir à volonté). Cette toile métallique, ainsi maintenue à deux centimètres environ de la toile à peindre, laisserait circuler l'air et la préserverait des chocs ainsi que du contact d'une flamme, dont elle est bien plus menacée par derrière que par devant; car il est à remarquer que dans les musées, chez les marchands de tableaux et chez les amateurs, les employés, qui sont animés d'un profond respect pour les tableaux accrochés, n'y font plus la moindre attention quand ils sont retournés : ils trimbalent des échelles et circulent avec des bougies allumées à travers les piles de cadres entassés, sans prendre la moindre précaution, alors qu'au contraire ils en devraient prendre plus.

On pourrait encore, en dehors des colles proprement dites dont la base liquide est l'eau, chercher dans les matières que la chimie a nouvellement découvertes, et plus tard dans celles qu'elle découvrira, les éléments d'un enduit plus parfait que celui à la colle de fromage; mais on n'en peut pas trouver un qui offre la sérieuse garantie que donne celui-ci d'avoir été employé il y a des siècles et d'avoir résisté à toutes les causes de destruction.

Si cependant on a assez confiance dans la science d'un vieux praticien qui a consacré sa vie à l'étude de la peinture et si on veut tenter l'aventure, voici un enduit qu'il propose et qu'il tient pour absolument parfait.

Broyez du blanc de zinc dans de l'essence de pétrole, incorporez du vernis à retoucher et du fixatif à aquarelle en quantités égales, donnez une seule couche et quand elle sera sèche, au bout de quelques minutes, passez au papier de verre. (Voyez page 321.)

Sur tous ces enduits on peut peindre indifféremment à l'huile ou à l'eau. Une seule question reste à élucider à propos de l'enduit : c'est celle du ton qu'il est préférable de lui donner. Nous n'hésiterons pas à répondre que l'enduit doit être absolument blanc, et cela pour plusieurs raisons. D'abord, pour pouvoir obtenir des effets de transparence sans être obligé de peindre des blancs à l'huile pour les glacer ensuite, ce qui nécessite d'attendre longtemps que les dessous soient secs et nous fait retomber dans les inconvénients des enduits à l'huile. Ensuite, parce que les dessous repoussent toujours un peu et qu'un tableau, peint sur un enduit d'un ton quelconque, finira toujours

par devenir lui-même de ce ton, surtout dans
les parties peu couvertes. Certains tableaux de
Poussin et de l'école française du xviiie siècle,
qui sont exécutés sur des enduits rouges, en
sont un exemple frappant. Quelques peintres
ont préféré la terre d'ombre et même le noir
pur, mais pour ceux-là il n'a pas fallu attendre
un siècle. Leurs tableaux sont devenus absolument invisibles, dans les demi-teintes, au bout
de fort peu de temps.

Et puis il y a encore ceci, qui n'a pas rapport à la conservation de la peinture, mais qui
a bien son importance : c'est que, sur des dessous blancs, on est entraîné à faire plus lumineux, et qu'on ne saurait trop chercher cette
qualité ; l'obscurcissement vient toujours assez
vite.

CHAPITRE IX

L'ÉBAUCHE ET L'EXÉCUTION D'UN TABLEAU
A L'HUILE. LES EMBUS

Nous avons des couleurs solides, bien broyées, des pétroles à différents degrés de volatilité, un siccatif liquide ou en pâte, un vernis à retoucher, un vernis à peindre et des toiles ou panneaux recouverts d'un excellent enduit, c'est-à-dire tout ce qu'il faut pour peindre dans les meilleures conditions possible.

Nous ne nous occuperons pas des outils, brosses, pinceaux, couteaux, godets, etc., que chacun choisit à son gré : ils n'ont pas d'importance pour la solidité de la peinture. Nous ne ferons d'exception que pour la palette, que nous conseillons de prendre blanche et tout à fait imperméable à l'huile, parce que cela permet de juger les couleurs par transparence, cela pousse à faire plus clair et l'enduit des toiles ou panneaux étant blanc lui-même, les tons feront le même effet dessus que sur la palette. Celle-ci, étant imperméable, conserve intégralement aux couleurs la quantité d'huile ou de vernis qu'on a jugé utile de leur adjoindre et son nettoyage en est plus facile. Il est indispensable que la palette comme tous les outils soient parfaitement propres.

DE L'ÉBAUCHE

Soit que l'on peigne sur un panneau ou une toile enduits à la colle de fromage ou sur un panneau de bois brut ou sur du papier à aquarelle, l'ébauche peut se faire indifféremment à l'eau ou à l'huile.

Si on la fait à l'eau, on se servira de couleurs à l'aquarelle ordinaires, sans empâter, en ayant soin, si c'est sur le bois brut, de ne pas trop laver pour ne pas faire jouer le bois.

1° Lorsque l'ébauche sera faite à l'aquarelle sur toile ou panneau enduits à la colle de caséine, on passera une couche bien régulière de vernis à peindre par-dessus : ce vernis s'emboira en partie dans la colle et, même avant qu'il ne soit sec, on pourra continuer le tableau à l'huile. C'est le procédé de Paul Véronèse.

2° Lorsque l'ébauche sera faite à l'aquarelle sur papier à aquarelle, on passera par-dessus une couche bien régulière de fixatif à aquarelle : ce fixatif s'emboira complètement dans le papier et sera sec en quelques minutes. Cette couche peut n'être pas suffisante, parce qu'il y a des papiers qui absorbent plus ou moins le fixatif; on s'assurera du fait en mettant une goutte d'huile sur un des coins. Si cette huile ne pénètre pas dans le papier, c'est qu'il y a assez de fixatif; sinon on en remettra une seconde couche.

Dans tous les cas, ces opérations ne peuvent prendre plus d'un quart d'heure à une demi-heure et l'on pourra de suite continuer à peindre à l'huile. Ce procédé est très expéditif pour les études. Il permet de laisser à l'aquarelle tout ce que celle-ci rend bien, comme le ciel, les eaux, en somme toutes les transparences et de n'exécuter à l'huile que les parties solides qui demandent un long travail de modelé. Le tout une fois verni est d'une solidité absolue et d'un très grand charme d'exécution. Pour utiliser ce procédé, il faut choisir du papier à grain fin, les gros grains faisant vilain effet si on vernit.

3° Lorsque l'ébauche est faite à l'aquarelle sur panneau brut, on passera par-dessus une bonne couche régulière de fixatif à aquarelle et l'on pourra continuer à l'huile aussitôt que ce fixatif sera sec, c'est-à-dire au bout de quelques minutes.

ÉBAUCHE A L'HUILE

Si l'on veut ébaucher de suite à l'huile.

1° Sur toile ou panneau enduits à la colle de caséine : on passera préalablement sur l'enduit une couche bien régulière de vernis à peindre qui s'emboira en partie, sans quoi cet enduit serait trop absorbant. Si cependant on désire utiliser cette qualité, il faudra mêler aux couleurs une assez grande quantité de vernis à peindre pour rendre le travail moins pénible.

2° Sur papier à aquarelle : il faut toujours passer avant de peindre à l'huile une ou deux couches de fixatif à aquarelle, selon que l'on désire que le papier soit plus ou moins absorbant.

3° Sur panneau de bois brut : on peut ébaucher directement à l'huile, ou bien passer avant une couche de fixatif à aquarelle ou de vernis à retoucher, selon son goût et selon qu'on désire que le panneau soit plus ou moins absorbant. La peinture à l'huile tient admirablement sur le fixatif.

Si nous avons dit que, pour ébaucher à l'aquarelle, il ne fallait pas d'empâtements, c'est par prudence, car ce procédé n'en comporte guère. Mais si on ébauche directement à l'huile, il faut aussi s'en priver et cela demande beaucoup de soin.

On doit ébaucher avec les couleurs à l'huile telles qu'elles sont broyées, en s'efforçant de mettre partout la même épaisseur (une légère demi-pâte), pour que toutes les parties, quoique de tons différents, fassent une couche générale égale, sans poux et sans touches heurtées.

On ne mettra qu'une trace de siccatif dans le noir et les laques, afin que l'huile de cette première couche, ne séchant pas trop vite, pénètre bien profondément dans les pores du subjectile, et l'on n'emploiera pas le blaireau pour ne pas ramener cette huile à la surface.

Chaque partie du tableau doit être ébauchée avec des teintes plates, du ton le plus clair et le plus intense possible, de la couleur principale de l'objet qu'elles représentent, parce que, les dessous tendant toujours à repousser, il vaut mieux qu'ils soient trop éclatants : cela compense la tendance à l'obscurcissement des couches supérieures.

On devra prendre grand soin de noyer les contours et de ne laisser aucun coup de brosse apparent pour que rien ne gêne ensuite l'exécution.

Du reste, avant de repeindre sur cette ébauche, il y a toujours lieu d'enlever avec un grattoir bien tranchant les aspérités qui pourraient subsister.

En somme, cette ébauche directe à l'huile est plutôt une préparation que l'on fait subir au subjectile pour le rendre propre à la peinture, qu'une esquisse intelligente. On va dire : Mais c'est triste et monotone, c'est un travail de manœuvre, il n'y a rien de laissé à l'inspiration, au hasard. D'abord, laissons toujours le moins possible au hasard; et quant à l'inspiration, c'est justement pour lui donner plus de liberté au moment de finir que nous prenons tant de soins des dessous.

Si, dans la fougue de l'exécution, vous laissez des petites places vides entre vos touches, ce qu'on appelle des poux, il n'y aura plus d'inconvénients, le ton de l'ébauche, étant presque celui définitif, n'a plus besoin d'être bouché partout, tandis que si vous exécutez sur une ébauche d'un autre ton, il faudra combler tous

ces petits intervalles, ce qui amollit beaucoup
l'exécution et lui retire sa liberté. Si, juste à
l'endroit d'un détail délicat, vous tombez sur
un empâtement ou sur un vide, comme il s'en
trouve dans une ébauche inspirée, vous serez
bien embarrassé, et ce sera un bien autre travail
le manœuvre de remplir les trous, de gratter
es bosses : et franchement, si travail de manœuvre il doit y avoir, mieux vaut que ce soit
dessous que dessus. De même, si l'ébauche
comporte des traits accusés, des vigueurs
accentuées, comme en finissant on ne conserve pas absolument le dessin primitif, on en
sera bien plus gêné que si les contours sont
peu affermis et les accents peu marqués.
L'inspiration (enfin la voilà !) peut vous amener en exécutant à vous contenter, en certains endroits, d'un simple frottis, cela ne fera
rien sur un dessous solide et régulièrement
couvert ; mais si vous êtes tombé juste à cet
endroit-là sur une partie de l'ébauche inspirée, où il n'y aurait déjà presque rien, ces deux
presque rien l'un sur l'autre ne seraient pas
suffisants et il vous faudrait forcément nourrir

de couleur cette place oubliée au détriment de la légèreté d'exécution que vous auriez justement voulu garder.

De plus, vous pouvez toujours, en finissant, faire le ton aussi doux, aussi rompu que vous le voulez, sur une ébauche éclatante, même un peu crue, tandis que vous n'obtiendrez jamais une couleur à son maximum d'intensité sur une ébauche sourde. Tout au contraire, en superposant une couleur intense sur elle-même, vous en augmentez la puissance dans une proportion considérable.

Bref, c'est pour laisser à l'artiste la faculté d'exécuter à sa guise, en pleine pâte, en demi-pâte, en frottis et même en glacis, que nous lui conseillons une ébauche qui ne le gêne jamais et lui assure la possibilité matérielle, en réalisant toutes ses fantaisies, de suivre entièrement son inspiration, autant qu'il en peut avoir.

Et puis cette ébauche sage et régulière, c'est la santé de la peinture garantie, c'est son vêtement de dessous.

Pour porter impunément, en toutes saisons

des habits légers de fantaisie, vous mettez dessous une bonne flanelle : eh bien ! l'ébauche telle que nous la préconisons, c'est la flanelle du tableau !

L'ébauche étant terminée, il va sans dire qu'il faut la laisser sécher avant de repeindre. Comme les couleurs en sont peu épaisses et que l'huile est en partie absorbée dans le bois ou dans l'enduit, il n'est pas nécessaire d'attendre aussi longtemps que si l'on avait ébauché sur une surface non absorbante avec des empâtements. Un mois dans un atelier bien sec ou une quinzaine de jours par un plein soleil d'été suffisent parfaitement.

Quand l'ébauche sera bien sèche, on devra passer une couche générale de vernis à retoucher sur tout le tableau avant de le reprendre. Ce vernis, nous l'avons dit, sèche en quelques minutes et l'on peut peindre immédiatement par-dessus.

Il a pour but, pénétrant dans l'ébauche, d'aller remplir tous les vides que l'huile absorbée dans ce subjectile a laissés dans la couche de couleur et de déposer à sa surface une pellicule de résine normale qui servira de lien entre cette couche et la suivante, en même temps qu'il enlève les embus et apporte déjà plus d'éclat et de transparence.

DE L'EXÉCUTION

Nous avons dit qu'à l'exécution le peintre, affranchi de toute sagesse, pourrait peindre à sa guise ; nous ferons toutefois remarquer que les empâtements excessifs, à part qu'ils ne peuvent être vus sous tous les jours, sont plutôt nuisibles à la solidité de la peinture et qu'il ne sera pas nécessaire d'en abuser, puisque, trouvant toujours aux endroits qui sont en lumière une ébauche lumineuse, et aux endroits foncés une ébauche déjà sombre, on n'aura pas à faire, pour couvrir, les efforts qui se traduisent toujours par un épaississement de couleur, quand on doit faire lumineux sur un fond sombre ou sombre sur un fond lumineux.

Ici une objection va se présenter naturellement, si, malgré sa sagesse, on s'est trompé dans l'ébauche, ou si on change d'idée, si enfin, là où l'on avait ébauché un personnage en bleu, on le veut en rouge ou si, après avoir pensé mettre un tapis sur une table, on le veut remplacer par une nappe blanche, etc.

Nous répondrons qu'il ne faut pas hésiter et enlever l'ébauche complètement avec de la benzine à l'endroit que l'on veut changer, et l'ébaucher à nouveau comme on le désire.

Toutes les fois que l'on peut exécuter du premier coup, cela vaut mieux ; mais il est certain qu'il n'est pas possible de tout faire ainsi ni toujours réussir. Il y a des glacis nécessaires et des morceaux ratés.

Quand on est donc forcé de reprendre plusieurs fois, il faut ne le jamais faire sans avoir préalablement frotté un peu de vernis à retoucher et ne jamais repeindre deux fois de suite le même morceau en pleine pâte, c'est-à-dire éviter les repeints.

LES REPEINTS

Si un morceau ne vous satisfait pas complètement, supposons une tête, vous voulez en adoucir le modelé, la colorer ou l'éclaircir? Avec des demi-pâtes et des glacis vous pouvez obtenir ce que vous désirez sans être obligé de repeindre. Mais si, au contraire, le dessin en étant défectueux, il faut changer des contours de place, remonter le front, descendre la bouche, etc., cela nécessitera des empâtements nouveaux, en clair sur des parties sombres ou foncées sur du clair. C'est ce qu'on appelle des repeints. Tôt ou tard, les parties recouvertes reparaîtront et deviendront des repentirs.

Voici un exemple frappant de ce genre d'accident : Il existe au musée de Madrid un portrait équestre de Philippe IV, par Vélasquez, dans lequel le cheval a huit jambes, non pas toutes aussi apparentes, mais peu s'en faut. Il est évident que quatre de ces jambes ne comptaient pas pour Vélasquez.

Ne les trouvant plus à son gré, il les avait recouvertes avec le ton du terrain, sans les enlever et en avait repeint de nouvelles à d'autres places. Il est absolument certain que lorsque le maître eut terminé ce travail, les jambes effacées n'apparaissaient pas, sans quoi il ne les eût pas laissées ainsi, et il est non moins certain qu'avec le temps elles sont ressorties.

Les repeints ont encore un autre inconvénient, c'est que les nouvelles épaisseurs de couleur, sur d'autres épaisseurs imparfaitement sèches au fond, déterminent des gerçures. Là encore. il ne faut donc pas hésiter et gratter jusqu'à l'ébauche les parties qui sont à repeindre en pleine pâte.

LES GLACIS

Quant aux glacis, il ne faut jamais les étendre à sec, si l'on veut qu'ils soient bien réguliers.

Voici les précautions qu'il est convenable de prendre. Si l'endroit sur lequel on désire mettre un glacis est déjà recouvert de vernis à retoucher, on le frottera d'huile de pétrole et l'on attendra quelques minutes que le vernis en soit bien détrempé, puis on étendra le glacis en mêlant à la couleur un peu de vernis à peindre et un peu de siccatif si cette couleur est une laque.

Quand l'endroit à glacer n'est pas encore recouvert de vernis, on le frottera d'un peu de vernis à peindre et l'on étendra le glacis comme ci-dessus. En plus de ces préparations, on peut être, dans de certains cas, désireux de liquéfier la couleur plus ou moins pour l'employer en glacis, jusqu'à même ne lui laisser que la consistance d'une teinte au lavis. On a pour cela l'essence ou l'huile de pétrole, selon que l'on désire une dessiccation plus ou moins prompte. Il n'y a qu'une seule observation à faire : c'est que plus vous mettez de pétrole dans le glacis, plus il est nécessaire que le dessous soit bien sec. Quant au plus ou moins de viscosité ou de liquidité que l'on désire donner aux couleurs pendant le travail, ce sont des questions de goût. Chaque peintre, avec ses deux vernis qu'il peut mélanger dans toutes les proportions qu'il voudra et ses pétroles plus ou moins volatils, peut agir comme il l'entend : rien n'est défendu, aucun excès nuisible n'est à redouter.

Le siccatif qui solidifie l'huile, au contraire, doit être rigoureusemeni dosé, qu'il soit en pâte ou liquide. On n'en doit mettre que fort peu dans les tons clairs, jamais dans le blanc de plomb, et il doit être bien mélangé aux couleurs avec le couteau sur la palette pour être également réparti.

LES EMBUS

Lorsque, dans l'exécution d'un tableau, par suite de retouches successives, des embus se produisent, on peut, nous l'avons dit, les faire disparaître avec un léger frottis de vernis à retoucher. On doit même répéter l'opération chaque fois qu'ils se reproduisent, car tant qu'un embu persiste, c'est que les vides intérieurs ne sont pas comblés et il faut qu'ils le soient pour la conservation du tableau.

Les embus sont la maladie de la peinture à l'huile, et, pour la bien guérir, il faut d'abord la bien connaître. Jusqu'à ce jour on s'est contenté d'en faire disparaître les effets immédiats, mais sans en étudier les causes et par conséquent sans porter remède aux effets qu'elle peut avoir dans l'avenir. Nous allons donc être obligés d'entrer à ce propos dans quelques explications.

Les couleurs broyées contiennent l'huile nécessaire pour coller les petites parcelles de matières colorantes les unes aux autres et leur donner, selon les lois de la réfraction dans les milieux de densité différente, un aspect plus coloré et plus transparent que si ces matières étaient à l'état de poudre libre ; mais cela à une condition, c'est que l'huile restera également répartie autour de toutes ces parcelles. Et c'est justement ce qui n'a pas lieu.

Disons d'abord que, dans le cas qui nous occupe, l'huile ne suit pas les lois de la pesanteur, mais qu'elle obéit à la loi de la capillarité, qui est que dans les conduits de petites dimensions les liquides cheminent dans tous les sens, aussi bien de bas en haut que latéralement ou de haut en bas.

Or, les interstices que laissent les parcelles imperceptibles de couleur entre elles, forment autant de petits canaux parfaitement propices à ce phénomène. Une des meilleures preuves de ceci, c'est que l'huile ne descend pas dans le bas du tableau, quoique celui-ci soit presque toujours vertical : elle reste en suspension dans la couche de couleurs qui la contient, mais, dans l'épaisseur de cette couche, elle se distribue de façon différente, selon les circonstances. C'est cela que nous allons étudier. Quand on étend une première couche sur un panneau, sur une toile ou autre subjectile, enfin sur la surface plane d'une matière quelconque : si cette matière est poreuse, telle que du bois, du carton, un mur de pierre ou de plâtre, l'huile s'y imbibe en partie et la couleur reste plus ou moins terne selon la quantité qu'elle a perdue de son huile.

Si les matières sur lesquelles on peint sont préparées à l'aide d'un enduit, celui-ci sera néanmoins toujours un peu absorbant, et il faut qu'il le soit pour que l'huile pénétrant un peu jette les racines nécessaires à l'adhérence. Dans ce cas, un peu d'huile est employée à cet effet et la couleur reste encore un peu terne, mais moins cependant que lorsqu'il n'y a pas d'enduit.

Il semblerait qu'en continuant à superposer

des couches les unes sur les autres, l'huile de chacune s'infiltrant dans la précédente pour remplir les vides qui se sont formés, on devrait avoir une succession de couches toujours embues : cependant cela n'a pas toujours lieu, par la raison suivante.

Lorsqu'on piétine sur du sable qui a été mouillé, l'eau ressort, et cela sans que le sol s'abaisse. Si même on fait un petit monticule de ce sable mouillé et qu'on recommence l'expérience, l'eau remonte encore au sommet. De la terre glaise que l'on pétrit, un mur humide que l'on frappe donnent lieu à un phénomène semblable. De même plus on triture la couleur, plus l'huile ressort et s'agglomère à la surface.

Dans ces conditions, une couche de couleur étendue sur une autre couche, même embue, reste luisante.

Il semblerait encore qu'en repeignant sur cette surface luisante on doit avoir une couche normale. Il n'en est rien, parce que l'huile, en se portant à la surface, a laissé, dans l'intérieur de la couche, la couleur privée d'huile :

tous les petits canaux dont nous avons parlé, qui sont produits par les interstices entre les parcelles de couleurs, sont vides sous cette lame d'huile extérieure, et voici ce qui se produit alors que l'on repeint par-dessus. L'huile, quittant la nouvelle couleur, pénètre à travers les pores de l'huile séchée à la surface de la couche précédente, appelée, sucée, pour ainsi dire, par ces canaux vides comme par une éponge, et le résultat est encore de l'embu. Donc, l'embu se produit aussi bien quand on repeint sur une peinture déjà embue ou sur une peinture luisante quand cette peinture, tout en étant sèche, ne l'est pas depuis trop longtemps. Mais si la couche luisante est assez sèche et que les pores en soient assez resserrés pour que la nouvelle huile ne puisse la pénétrer, la peinture sera normale; seulement les canaux de dessous resteront vides, et toutes les fois qu'il y a des vides dans la construction de la peinture, c'est au détriment de la solidité.

C'est comme un mur construit en pierres sèches et simplement recouvert d'un mortier extérieur. Qu'il survienne le moindre tremblement de terre, l'enduit se lézarde et le mur s'écroule. Or pour la construction d'un tableau les mouvements de la toile ou du panneau sont de terribles tremblements de terre. Les pommades que l'on emploie pour retirer l'embu ne pénètrent pas assez pour combler les vides qui se sont formés. Il faut donc infiltrer dans ces petites catacombes un nouveau mortier et c'est là que le pétrole est utile pour l'y conduire.

Ce mortier sera-t-il de l'huile?

Nous avons dit qu'il y en avait bien assez dans les couleurs. Ce n'est pas une raison parce qu'elle s'y trouve mal répartie pour en ajouter de nouvelle; il vaut mieux prendre la *résine normale* qui apportera de la solidité, conservera et augmentera même la transparence sans le jaunissement et l'obscurité que l'huile amène toujours avec le temps.

Il y a encore un avantage à se servir pour cet usage de la résine en solution dans le pétrole : si cette résine se dissout bien à froid dans l'huile, c'est que tous les pores resteront bouchés par cette résine si on ne repeint plus, et que si on repeint, l'huile dissolvant cette résine qui bouche les pores pourra y infiltrer ses racines.

Ceci doit faire bien comprendre pourquoi toute matière destinée à retirer l'embu, qui n'est pas soluble à l'huile à froid, est absolument désastreuse. En effet, le manque d'adhérence fait écailler la peinture et c'est bien un vrai désastre pour elle.

En observant bien tous les préceptes ci-dessus, on doit exécuter un tableau à l'huile dans les meilleures conditions de solidité possible et obtenir des couleurs le maximum d'éclat et de fraîcheur qu'elles peuvent donner par ce procédé.

CHAPITRE X

LA CONSERVATION ET LA RESTAURATION
DES TABLEAUX

Il était une fois un petit commissionnaire en marchandises : spécialité d'articles suisses, chalets, coucous, laitières et montagnards en bois blanc. Mais, le goût du jour n'étant plus à ces sortes de choses, le petit commissionnaire, malgré son intelligence et son courage, vit son commerce péricliter au point qu'un jour, ne pouvant plus payer son propriétaire, il fut obligé de lui abandonner toutes ses marchandises.

Il se réfugia, triste et désolé, dans un appartement quelconque, loué à la hâte ; et c'est là que la fortune, ayant enfin pitié de son malheur, lui envoya un émissaire sous les traits d'un domestique de bonne maison. Celui-ci s'exprima ainsi : « Monsieur, monsieur le Comte, mon maître a besoin de vos services, je lui ai parlé de vous, parce que dans le quartier on m'a dit que vous étiez le plus près. J'aurais pu aller en chercher un autre, aussi j'espère bien que vous n'oublierez pas ma petite remise, d'autant plus que monsieur le Comte est généreux, et que si vous savez le prendre, ça peut bien aller à plusieurs billets de mille. Affaire conclue, n'est-ce pas ? Je dis que vous venez de suite. »

Le domestique dégringola joyeusement les étages, laissant le malheureux petit commissionnaire absolument abasourdi, ne pouvant pas comprendre ce que ce Comte qu'il ne connaissait pas pouvait attendre de lui ?

Cependant, hypnotisé par ces mots : « plusieurs billets de mille, » il prit machinalement sa canne et son chapeau pour sortir. En refermant sa porte, il eut enfin le mot de l'énigme. Il était là ! *Expert*, gravé en belles lettres noires sur une plaque de cuivre. Cette plaque et ce titre appartenaient sans aucun doute à l'ancien

locataire. Pouvait-il se les approprier, bénéfi-
cier d'une erreur ? Ah bast ! est-ce qu'un homme
qui va se noyer s'inquiète de la provenance de
la planche de salut que le sort lui envoie ? Aussi,
remettant les remords à plus tard, s'il devait en
avoir, et bien résolu à profiter de cette aubaine,
il avait repris tout son sang-froid en sonnant à
la porte du Comte. Le domestique, qui l'attendait, l'introduisit dans le salon, en annonçant
avec dignité : « Monsieur l'Expert ! » Le sort en
était jeté, il était expert ! Mais expert en quoi ?

Ce fut monsieur le Comte qui le lui apprit
lui-même. Il s'agissait d'abord d'avoir son
avis sur l'authenticité de plusieurs tableaux
anciens, ensuite d'en revernir quelques-uns,
puis de dénicher les œuvres de jeunes peintres
d'avenir. Car monsieur le Comte était décidé à
renouveler sa galerie en partie. Il trouvait les
vieux maîtres pleins de mérite, mais il pensait
qu'un amateur doit aussi s'occuper de ceux
de son époque et qu'il est plus intéressant de
les découvrir à leur aurore que de suivre la
foule qui les acclame à leur déclin. (On voit que
monsieur le Comte était d'une intelligence bien

au-dessus de la moyenne.) Enfin, il comptait sur les lumières de monsieur l'Expert pour l'aider à la réalisation de ses projets. Monsieur l'Expert approuva en tous points les idées du Comte; mais il demanda, avant de formuler une opinion, à étudier les tableaux de plus près... La question était grave !..., etc. Bref, il joua son rôle admirablement, et lorsqu'ils se quittèrent, le Mécène et l'expert étaient enchantés l'un de l'autre.

Le lendemain, la plaque de l'expert nouvellement astiquée resplendissait comme un soleil sur la porte de l'ancien commissionnaire en articles suisses.

Il savait déjà qu'il n'était coupable d'aucune usurpation en gardant ce titre, puisque tout le monde peut le prendre. Il s'adjoignit un restaurateur de tableaux, car il ignorait le premier mot de son nouveau métier. Il suivit les ventes, visita les artistes, et, au bout de peu de temps, il était devenu dans le commerce des tableaux une des personnalités les plus remuantes et les plus importantes.

Cette anecdote, absolument authentique, est

pour faire voir à quel point certains amateurs s'inquiètent peu de contrôler la compétence des gens à qui ils confient des œuvres dont cependant ils connaissent la grande valeur.

S'il s'agissait d'un chien ou d'un cheval de prix, ces mêmes amateurs non seulement s'adresseraient pour les soigner à un vrai vétérinaire, mais ils exigeraient des garanties sérieuses de la science de cet Esculape ; tandis que pour soigner un tableau le premier venu leur suffit. Ceci n'est pas pour dénigrer les experts en général. Il y en a qui sont de véritables savants dans leur genre, comme il y en a qui ne savent rien de ce qu'ils font. Nous ne blâmons que le choix irréfléchi que l'on en fait. D'autant mieux que les tableaux qu'on abandonne à leurs soins ont souvent des détériorations plus graves qu'un vernis usé. Ils pourraient être réparés, car il existe des restaurateurs qui sont des maîtres et font des prodiges ; mais s'ils tombent dans des mains inhabiles, ils sont irréparablement perdus. Et quand on pense qu'il suffit de l'appui d'un ministre, de la recommandation de camarades bien placés

pour que les trésors de nos musées soient ré-
curés par de telles mains, cela soulève l'indi-
gnation.

La conclusion de ceci sera un vœu que voici :

On ne devrait pouvoir prendre le titre d'expert en tableaux qu'après avoir passé des examens *ad hoc*, comme cela se fait pour les avo-
cats et les médecins.

Les experts n'auraient pas, par ce moyen,
tous une bien grande valeur, mais au moins
n'y en aurait-il plus de tout à fait ignares.

Nous avons laissé le tableau soigneusement
fait et solidement constitué. Mais en sortant
de nos mains, c'est la vie qui commence pour
lui, et elle est quelquefois dure à supporter.

Les tableaux qui ne sont pas appréciés sont
les moins à plaindre, car, comme nous venons
de le voir, c'est surtout des soins qu'on leur
donne qu'ils souffrent le plus. La première
opération qu'ils ont à subir, c'est le vernissage.

Le vernis, c'est le vêtement du tableau, il le
préserve des émanations nuisibles, il protège
sa surface, il enrichit ses couleurs, et lorsqu'il
est flétri, sali par des contacts impurs, éraillé,

jauni, noirci par le temps et la fumée, enfin hors d'usage, on l'enlève pour en remettre un neuf. C'est donc bien un habit! Mais un habit tellement adhérent qu'on pourrait presque dire que c'est une peau et on ne change pas de peau comme d'habit. Chaque fois qu'on dévernit un tableau, il faudrait prendre tant de soins, que l'on ne prend pas, que le malheureux laisse toujours un peu de lui-même après la peau qu'on lui retire. C'est souvent un véritable écorchement. D'autant que, désirant jouir des tableaux le plus tôt possible, on les vernit toujours trop frais, et que dans ce cas il y a bien plus de pénétration du vernis dans la peinture.

Nous avons déjà énuméré toutes les qualités que doit avoir un bon vernis; mais encore faut-il le bien appliquer. Nous n'irons pas jusqu'à dire, comme un célèbre praticien, « l'art du vernisseur »; cependant c'est une opération qui demande de grands soins et il faut une longue expérience pour très bien vernir. (Voyez p. 301).

Quand le tableau est verni, il pourrait rester tranquille quelques années; mais c'est bien rare que cette chance lui arrive.

Les amateurs ont la manie, quand ils regardent une peinture, de circonscrire dans un petit rond, qu'ils indiquent par un mouvement du doigt, le morceau qu'ils admirent.

Le petit rond est imaginaire; mais les coups d'ongle qui en résultent ne le sont pas. Encore heureux quand le Mécène exalté ne tient pas un cigare allumé ou un binocle en métal.

Souvent même, l'admirateur frotte l'endroit remarquable d'un peu de salive. L'endroit remarquable en devient par la suite d'un bleu terne, et plus il ternit, plus les lavages à la salive nicotinisée se répètent. De sorte que si le tableau contient beaucoup d'endroits remarquables, il ne tarde pas à devenir tout à fait dégoûtant.

Quand l'amateur est parti à la campagne ou ailleurs, on pourrait croire que le tableau n'aura plus à souffrir. Ah bien oui! Les domestiques ne se donnent plus la peine de baisser les stores au moment du plein soleil, et, pendant les mois d'été, le malheureux reçoit chaque jour à la même heure un rayon brûlant sous lequel le vernis se gonfle, pour gercer ensuite en refroidissant. Et les jours de grand nettoyage ! les coups de plumeaux, dont les plumes brisées le rayent en tous sens. Et les mouches ! elles se réunissent (c'est à remarquer) toujours sur les endroits clairs, on ne sait pas pour quoi faire, mais ce n'est certes pas pour y manger !

Puis, revient l'hiver avec les fumées des cigares et du charbon de terre et les admirations ! Jusqu'à ce qu'un jour l'amateur se dégoûte de son tableau (ça s'est vu !), ou bien qu'il en trouve un prix épatant, ou qu'il fasse de mauvaises affaires, ou... qu'il meure ! Enfin tôt ou tard le tableau change de propriétaire et ce jour-là apparaît l'expert : ce qui veut toujours dire nettoyage et revernissage. Pauvre tableau ! Il y a des gens peu scrupuleux qui, pour aller plus vite, au lieu de dévernir au doigt, se servent d'alcool qui enlève la peinture ou bien revernissent sans même nettoyer, car ce n'est pas un nettoyage que l'opération à laquelle on se livre. Nous avons vu, chez un expert célèbre entre tous, laver tous les tableaux d'une galerie estimée plusieurs millions, avec la même peau de daim et le même seau d'eau : la crasse des Rubens repassait sur les Teniers, et ainsi de suite, mais tous étaient aussi sales après qu'avant.

Les précautions à prendre pour la conservation des tableaux sont donc de les vernir soigneusement avec un bon vernis, de les préserver des changements brusques de température, de tous attouchements ou tripotages et de les entretenir dans un grand état de propreté pour n'avoir à les dévernir que le moins souvent possible.

Un tableau peut contracter cependant d'autres maladies bien plus graves que d'être simplement sale. Ces maladies viennent quelquefois de causes inhérentes à la peinture elle-même comme des mauvais soins qu'on lui a donnés.

Les maladies inhérentes à la peinture sont de deux espèces :

1° L'altération des couleurs;

2° Le défaut de solidité des couleurs sur le subjectile.

L'altération des couleurs est due à deux sortes de causes :

1° Les causes chimiques ;

2° Les causes physiques.

Les causes chimiques de l'altération des couleurs sont l'influence de la lumière, qui les fait s'évanouir ou changer de ton, et les réactions qui se produisent et détruisent leurs combinaisons. Ces réactions sont la plupart du temps le résultat de leur contact entre elles ou avec les huiles, vernis, etc., qui les fixent et les recouvrent, ou avec les gaz répandus dans l'atmosphère.

Toutes les altérations qui proviennent de ces causes chimiques sont irrémédiables, et c'est souvent à les vouloir guérir que l'on compromet l'existence du tableau.

Quant aux altérations qui ont des causes physiques, elles sont occasionnées par la présence des glutens et des vernis désorganisés, qui par leurs superpositions obscurcissent les couleurs sans les avoir dénaturées, ou bien par des séchages défectueux qui ont déterminé des craquelures, gerçures, etc., ou tous autres accidents pouvant amener des solutions de continuité dans la construction de la peinture.

Ces altérations physiques sont réparables avec des soins intelligents. Le défaut de solidité des couleurs sur leur subjectile tient. soit à la destruction de ce subjectile sous la peinture, soit au manque d'adhérence entre celui-ci et son enduit ou entre cet enduit et la peinture.

La destruction du subjectile est produite :

Si c'est un panneau, par l'humidité qui le pourrit ou les vers qui le mangent ;

Si c'est une toile. par l'humidité qui la pourrit aussi ou par l'huile qui la brûle.

Le manque d'adhérence de l'enduit sur un subjectile sain ; provient toujours de sa mauvaise qualité : ou il s'est laissé pénétrer par l'humidité ou il s'est détérioré lui-même, et dans les deux cas il n'a plus de cohésion.

Le manque d'adhérence des couleurs sur l'enduit est le résultat des mêmes causes. Les racines que l'huile a jetées ne tenant plus dans un enduit sans consistance ; les détendages et retendages répétés des toiles, ainsi que le jeu perpétuel du bois, accélèrent encore la dislocation.

Tous ces accidents pour être réparés nécessitent deux opérations : le rentoilage, qui se fait en collant une toile neuve derrière l'ancienne pour la consolider, et l'enlevage, qui consiste à enlever complètement la peinture de son panneau, de sa toile ou même de son mur pour la transporter sur un panneau, une toile ou un mur neufs.

Disons de suite que lorsque pareilles opérations sont jugées nécessaires, on doit s'adresser à des réparateurs sérieux ; nous en avons qui sont de véritables artistes, d'une habileté extraordinaire, et qui ont fait des restaurations merveilleuses qu'aucun peintre ne pouvait faire. Nous nous permettrons cependant de conseiller à ces restaurateurs l'emploi de la colle de caséine, à l'exclusion des colles de gélatine ou de seigle, qui sont beaucoup plus susceptibles d'être pénétrées par l'humidité.

Quant aux dégâts minimes, les toiles crevées ou bosselées, les soulèvements de la couleur ou ampoules, provoquées par les excès de chaleur provenant d'un coup de soleil ou du voisinage d'un poêle, les petites crevasses, les fendillements qui se produisent pendant l'exécution du tableau, par suite d'un oubli dans les précautions à prendre, enfin tous les accidents du métier qui arrivent journellement, le peintre doit apprendre à les réparer lui-même ; et, pour ce faire, il trouvera. (Voir page 305.) les moyens les plus simples et les plus pratiques.

LE NETTOYAGE

Les tableaux n'ont quelquefois besoin que d'être nettoyés.

En tous cas, ils doivent toujours l'être avant le revernissage, et l'on ne saurait dire en face de quelles complications on se trouve souvent. Indépendamment des poussières, de la fumée, en somme de toutes les crasses dont la peinture se couvre avec le temps, il est difficile de s'imaginer tout ce que la fantaisie des différents propriétaires a pu mettre dessus : vernis à l'œuf, frottis d'huile, de couenne de lard, de vaseline ou autres graisses, encaustique.

vernis à voiture, etc., jusqu'à du collodion.
Chacune de ces substances nécessite un dissolvant différent, et c'est toute une pharmacie
qu'il faut avoir à sa disposition pour nettoyer
parfaitement certains tableaux qui n'ont cependant pas plus de quelques années d'existence.
(Voyez page 299.)

CHAPITRE XI

LA PEINTURE MURALE

Dans le genre de peinture nommé peinture
à fresque, un des premiers employés, c'est
l'enduit de chaux ou mortier qui est coloré par
des couleurs broyées et détrempées à l'eau,
que l'on applique pendant que ce mortier est
encore frais. Les couleurs le pénètrent, et la
solidité de cette peinture dépend, en somme,
de celle de l'enduit lui-même.

La couleur ne quitte pas l'enduit, mais souvent l'enduit quitte le mur.

Le mur à peindre est d'abord entièrement
recouvert d'un mortier fait de chaux et de
sable, d'une épaisseur de trois ou quatre centimètres ; cette première couche à fond, de

surface rugueuse, se nomme le crépi ; sur ce crépi on étend l'enduit proprement dit, composé aussi de chaux, mais moins forte et de sable plus fin. On ne prépare ainsi que la partie qui doit être peinte le jour même, et l'on ne peint que lorsque cet enduit est assez pris pour ne plus enfoncer sous le doigt. On ne doit pas se servir de brosses à poils longs, afin de ne pas barbotter dans la chaux.

Les retouches ne sont pas possibles. Les parties d'enduit qu'on n'a pas pu peindre dans la journée, et celles sur lesquelles on aurait fait un morceau raté, doivent être démolies jusqu'au crépi pour être recommencées le lendemain.

A la vérité, c'est un procédé barbare qui n'est pas à conseiller, et nous n'en parlons que parce qu'il tient une grande place dans l'histoire de l'art et qu'on lui doit cependant des chefs-d'œuvre. Mais le mauvais état de ceux-ci, pour ne parler que des fresques de Raphaël et de Michel-Ange, comparées aux tableaux des mêmes maîtres exécutés à l'œuf ou à l'huile, n'est pas pour préconiser l'usage d'un genre de peinture si difficile à employer et dont les effets sont si restreints. Il est vrai que l'on a proposé et même essayé des moyens de rendre la peinture à fresque plus facile à manier et à retoucher, en mélangeant aux couleurs des colles ou des mucilages qui permettent de la reprendre le lendemain; mais alors cela devient presque de la détrempe à l'œuf, au lait de figuier ou à la colle de fromage, etc., selon la matière employée. La couleur épaissie et retenue par la substance que l'on y ajoute ne pénètre plus dans le mortier, ce qui supprime la solidité, et il est alors bien inutile de peindre sur cette chaux, qui peut détruire certaines couleurs, à moins de se restreindre aux seules dont ce procédé permet l'emploi, c'est-à-dire le blanc de carbonate de chaux, les terres, les bleus d'émail et d'outremer, le noir de fumée. Le cinabre ou vermillon peut être aussi utilisé, mais il faut le préparer avec un lait de chaux qui en atténue beaucoup l'éclat.

On a souvent employé aussi la peinture à la cire sur les murailles; mais la cire n'y est pas à l'abri de l'humidité qui la fait fariner et le salpêtre l'abîme.

La peinture à cire et huile inventée par Taubenheim a semblé meilleure pendant quelque temps ; mais les mêmes causes la détérioraient et l'on en est revenu à la peinture à l'huile simplement, qui ne donne du reste pas de meilleurs résultats. C'est que l'on est toujours passé à côté de la question. Toutes les peintures qui sont bonnes sur une toile ou un panneau, le seraient sur un mur ; ce qui est mauvais, c'est le mur sur lequel la peinture ne tient pas.

On croit remédier à ce défaut en mettant des enduits compliqués sur ce mur. La couleur, en effet, tient mieux sur ces enduits que sur la pierre, mais alors ce sont eux qui se dégradent et tombent.

Il n'y a qu'un seul moyen de préparer une muraille pour la rendre propre à conserver la peinture, c'est de l'enduire de résine, à la condition que celle-ci y pénètre profondément. Du reste, les pierres s'imprègnent très facilement de résine et deviennent alors d'une telle dureté que les outils de fer ont de la peine à l'entamer. Voici comment il faut procéder : D'abord, au lieu de boucher avec soin les jointures et les trous avec des ciments qui se détachent ou se soulèvent toujours tôt ou tard, il faut, au contraire, bien vider tous les interstices et mettre les pierres à nu partout. Ensuite on doit sécher le plus possible à l'aide d'un réchaud que l'on promène devant toutes les parties de la surface.

Lorsque le mur est bien sec et encore bien chaud, on donne une première couche de résine dissoute dans une essence volatile ; et quand ce vernis est pris, on le fait pénétrer par la chaleur dans l'intérieur du mur, répétant les couches de vernis de la même façon jusqu'à ce que la pierre refuse d'en absorber davantage : alors seulement on bouche les refends et les trous avec un mastic fait du même vernis, de sable fin et de cire, que l'on introduit et qu'on étale à chaud avec un couteau de vitrier.

Le mur ainsi préparé est en état pour recevoir l'enduit que vous voudrez y mettre selon le genre de peinture que vous désirez faire.

Si c'est la peinture à l'huile que vous avez choisie, vous étendrez une forte couche de vernis à retoucher qui, adhérant par affinité avec la résine commune dont le mur est imbibé, servira de lien entre elle et l'enduit que vous mettrez ensuite, lequel se composera de blanc de plomb broyé à l'huile et détrempé avec du vernis à peindre.

Si c'est la peinture à la cire que vous voulez employer, vous composerez l'enduit de blanc de zinc broyé avec de l'huile essentielle de pétrole et de cire dissoute dans du vernis à retoucher ; cet enduit, étant sec, devra être chauffé afin que toutes les matières s'incorporent bien avec la résine du mur.

Enfin, si c'est à l'eau que vous voulez peindre, — oui, à l'eau ! et ce serait le meilleur procédé, — vous composerez votre enduit de résine et de blanc de zinc broyés ensemble à l'eau : 4 parties de résine contre 5 parties de blanc de zinc en poids. Lorsqu'il sera étendu et séché, vous le chaufferez de façon que la résine en fondant emprisonne le blanc de zinc. (Voyez page 267.)

On peut poncer cet enduit lorsqu'il est bien refroidi avec de la poudre de pierre ponce, à l'eau froide, et remettre d'autres couches par dessus, jusqu'à faire une surface aussi unie que du biscuit de Sèvres et d'une blancheur éclatante.

Sur cet enduit dur, on peint avec des couleurs qui sont broyées spécialement avec un fondant et de la glycérine. Ces couleurs restent fraîches pendant des mois, si on le désire, et aussitôt qu'on veut qu'elles sèchent, on n'a qu'à chauffer : le fondant se fond comme l'émail des faïences, et quand tout est refroidi, au bout de quelques minutes, on lave à l'eau fraîche pour enlever la glycérine devenue inutile. Les retouches sont toujours possibles et la peinture est indestructible, presque aussi mate que du pastel. Elle peut être lavée au savon noir ou à la potasse et résiste aux acides les plus violents. Ce procédé peut s'appliquer sur toutes sortes de matières. Nous l'avions inventé pour faire des aquarelles sur bois et même sur papier, nous aurons du reste occasion d'en reparler. (Voyez page 263.)

13.

Il est très facile d'ajouter la cire à ces couleurs, soit en peignant, soit après, en rendant celle-ci miscible à l'eau par l'ammoniaque (Voyez page 320); dans ce cas, elle se trouve fondue avec la résine après le passage du réchaud et la peinture que l'on obtient ainsi se rapproche beaucoup des peintures murales de Pompéi que l'on appelle toujours des fresques, bien à tort.

Il est encore un autre moyen pour décorer les murailles que de peindre directement dessus : c'est de les recouvrir de toiles peintes d'avance. Dans ce cas, on colle les toiles sur le mur nu ou enduit d'huile avec de la céruse à l'huile ou de la colle de seigle : cette opération s'appelle le marouflage.

On ferait mieux alors de préparer la pierre à la résine, comme nous l'avons indiqué ci-dessus, et de mêler du vernis à tableau à la céruse à l'huile; l'emploi de la colle pour ce genre de travail est absolument mauvais.

Sur les murs ainsi résinifiés, surtout dans les appartements ou les théâtres soumis aux émanations du gaz, on pourrait, à l'aide du fixatif à l'aquarelle, coller des peintures exé-

cutées à l'aquarelle, sur papier, qui, recouvertes
ensuite de plusieurs couches du même fixatif
seraient aussi solides que des faïences, et aussi
facilement nettoyables, car ni la potasse, ni
les acides, ni les essences, ni même la benzine,
ne pourraient les attaquer.

Avec ces procédés, qui ne sont pas des rêves
creux, puisque depuis huit années consécu-
tives des spécimens en sont montrés à chaque
exposition des aquarellistes français, on ne
devrait plus voir ce que l'on a vu : des chefs-
d'œuvre enfumés comme au foyer de l'Opéra,
qu'on n'ose pas nettoyer ou qu'on est obligé
de frotter à la mie de pain de peur de les détériorer, ce qui est fort coûteux et bien insuffi-
sant. Mais pour cela il faudrait créer une commission d'hommes compétents qui voudraient
bien prendre connaissance de ces procédés et,
s'ils les trouvaient bons, en conseiller l'emploi
aux artistes. Il faudrait que ceux-ci consentis-
sent à s'en servir ou qu'on les leur imposât dans
certains travaux. Il faudrait l'impossible enfin,
et ce mot que l'on prétend n'être pas français
l'est, hélas ! au moins administrativement.

CHAPITRE XII

LE PASTEL, LA DÉTREMPE,
LA GOUACHE, LA PEINTURE A L'ŒUF

Quand les couleurs sont broyées simplement à l'eau, ce sont les agglutinatifs qu'on y ajoute pour les retenir sur les subjectifs, colles, gommes, etc., qui semblent déterminer les nombreux genres de peinture auxquels ce principe a donné naissance. Mais ce sont plutôt les quantités d'agglutinatifs que les différences mêmes de ces agglutinatifs, qui font la variété des procédés.

En effet, à mesure que la proportion d'agglutinatif augmente, la transparence de la couleur s'augmente aussi, et l'aspect de la peinture n'est plus le même. En classant donc ces procédés par degrés de transparence, on commence par le pastel, qui en est absolument privé et dans lequel les couleurs contiennent tellement peu d'agglutinatif qu'elles restent à l'état de poudre.

Ensuite vient la détrempe, qui est un demi-pastel. L'agglutinatif n'y est encore qu'en très petite quantité, mais suffisante cependant pour obtenir déjà un peu plus de solidité et un peu plus de transparence. Puis viennent la gouache et la peinture à l'œuf, dans lesquelles la quantité d'agglutinatif augmente encore. On arrive à la solidité complète, mais pas à toute la transparence possible.

Enfin, avec l'aquarelle, la quantité d'agglutinatif augmentant toujours, on peut atteindre un maximum de transparence presque égal à celui que l'on obtient par le vernis.

Les agglutinatifs employés dans ces différents procédés, ayant tous un même dissolvant qui est l'eau, et généralement beaucoup d'affinité entre eux, peuvent être facilement mélangés. Par conséquent, rien n'empêche d'employer plusieurs de ces procédés pour

l'exécution d'un même tableau. On arrive
ainsi à réunir toutes les qualités de matité et
de transparence que l'on désire ; mais la solidité, par exemple, ne sera pas égale dans
toutes les parties, et il est impossible de la
rétablir uniforme, pour les raisons que nous
donnerons tout à l'heure, à propos de l'éternelle question du fixage du pastel.

LE PASTEL

Les couleurs sont broyées avec de l'eau
pure.

L'argile qu'on y ajoute (généralement de la
terre de pipe) est suffisante pour les maintenir en forme de bâton lorsqu'elles sont sèches. — Celles qui ne contiennent pas d'argile sont broyées avec une eau très légèrement gommée.

C'est donc à l'état de poudres qu'elles sont
déposées sur le subjectile, papier, carton,
toile, etc., et elles n'y sont retenues que par
un moyen mécanique : aussi faut-il que ce
subjectile ait une surface rugueuse naturelle,

ou qu'on la lui fasse ainsi avec une couche de pierre ponce ou de sable pilé délayés dans une colle quelconque.

Il est quelques soins utiles à indiquer dans la préparation des subjectiles destinés à recevoir le pastel. Parmi les nombreuses causes de destruction de ce genre de peinture, les deux principales sont que les couleurs en poudre quittent facilement les surfaces où elles sont étalées, et que n'étant protégées par aucun gluten, elles sont plus que toutes autres pénétrables à l'humidité et aux émanations des gaz.

Or, on choisit généralement pour peindre au pastel les subjectiles qui peuvent le mieux favoriser les causes de sa destruction, une toile ou un papier tendus sur un châssis, c'est-à-dire une éponge pour l'humidité, et en même temps un tambour que tous les bruits et la trépidation des voitures entretiennent dans un état de vibrations perpétuelles qui ont pour résultat de faire tomber la couleur poudreuse plus vite encore. Il faudrait donc au contraire choisir des matières peu vibrantes et assez épaisses comme le carton et mettre celui-ci absolument à l'abri de l'humidité par derrière et par devant, soit avec du fixatif à l'aquarelle, soit avec des vernis à peindre. A ceci on objectera que peindre au pastel sur des subjectiles rigides est très difficile, que les crayons se cassent facilement, s'écrasent trop et que la flexibilité du papier ou de la toile tendus est plus agréable. C'est une question de légèreté de main, mais comme il ne faut pas qu'une nécessité de solidité vienne gêner les habitudes, on trouvera (Voyez page 321) un moyen de rendre rigides, après le travail terminé, les toiles et les papiers tendus sur châssis. La poudre de pierre ponce, le sable ou le verre pilés, qui donnent de la rugosité aux subjectiles, devraient aussi être appliqués par le moyen de matières imperméables comme le fixatif ou le vernis, et non avec une colle putrescible et perméable.

Si le carton est employé en petite épaisseur, on fera bien de le faire d'abord parqueter pour en augmenter la rigidité.

On peut donner au pastel un peu plus de

solidité qu'il n'en a naturellement, mais il ne faut pas espérer le fixer complètement : cela est tout à fait impossible, à moins de lui retirer le velouté mat, qui est sa principale qualité.

Pour expliquer ceci, il est utile de nous reporter aux lois physiques de la lumière.

Les parcelles de matières colorantes, qui constituent les couleurs au pastel, sont toutes à l'état libre, reliées entre elles simplement par la pression de l'air et retenues sur le subjectile par les grappins naturels ou factices de sa surface plucheuse ou rugueuse, car l'action du faible agglutinatif qui les maintenait en bâtons est même brisée quand ces bâtons ont été frottés.

Ces parcelles réfléchissent, par *réflexion diffuse*, la quantité de lumière blanche et les rayons colorés de la lumière décomposée non absorbée qui déterminent leur couleur propre, augmentée d'intensité par ce fait qu'elles se réflètent les unes sur les autres. De plus, ces parcelles ont souvent des surfaces lisses qui réfléchissent de la lumière blanche par *réflexion spéculaire*. Celles de ces surfaces qui se trouvent placées à un angle d'incidence propice envoient directement à notre œil la lumière qu'elles réfléchissent ainsi, les autres envoient cette lumière sur les parcelles voisines qui se trouvent éclairées davantage. De là augmentation d'intensité lumineuse. Toutes les réflexions, diffuse et spéculaire, des parcelles nous arrivent à l'œil à travers un milieu transparent homogène, qui est l'air dans lequel elles baignent elles-mêmes.

On ne peut fixer toutes ces parcelles qu'en les reliant par une matière agglutinative et transparente quelconque. Cette matière, pour pénétrer facilement à travers les couleurs en poudre, doit être en solution peu concentrée dans un liquide volatil sans influence, et, soit qu'on applique par derrière un subjectile spongieux, soit qu'on la projette par devant à l'aide d'un vaporisateur, elle pénétrera, attirée par le vide, à travers les interstices qui séparent les parcelles, selon les lois de la capillarité, et viendra s'agglomérer d'abord autour de celles qui sont le plus près du subjectile.

Si cette matière est en petite quantité de façon à n'engluer que les parcelles de la partie inférieure de la couche de couleurs, elle les solidifiera sans que l'aspect du pastel en soit changé, parce que ces parcelles engluées sont justement celles que nous ne voyons pas ; mais la partie supérieure de la couche ne sera pas fixée.

Si on augmente la quantité de matière agglutinative jusqu'à gagner la surface de la couche sans la recouvrir, la solidité augmentera naturellement, puisque toutes les parcelles seront reliées latéralement par l'agglutinatif, c'est-à-dire qu'elles seront baignées dans un milieu transparent d'une densité plus grande que l'air, et il se produira, pour les parcelles supérieures que nous voyons, des effets nouveaux de *réfraction* qui modifieront déjà un peu la sensation qu'elles produisent ; mais les surfaces extérieures des parcelles qui sont [le plus en vue n'étant pas encore recouvertes par l'agglutinatif et continuant par conséquent à donner la sensation primitive, l'aspect général du pastel sera peu changé.

A cet état, nous sommes arrivés à en faire une détrempe : il ne tombe plus en poussière quand on le secoue, mais il se détache encore par le frottement ; si nous voulons le fixer tout à fait, il faut augmenter la quantité d'agglutinatif jusqu'à ce que celui-ci recouvre toutes les parcelles supérieures d'une épaisseur suffisante.

Alors ces parcelles sont tout à fait noyées dans un milieu transparent plus dense que l'air et changent totalement.

Nous arrivons à l'aspect d'une aquarelle plus ou moins empâtée.

Le pastel est absolument fixé, mais il n'a plus ni son velouté, ni sa fleur, ni sa matité ; ce n'est plus du pastel.

Aussi, quand on fixe un pastel, se contente-t-on du demi-fixage, qui correspond à la consistance de la détrempe.

Cette opération est surtout bonne pour l'ébauche et les dessous, qui acquièrent ainsi une solidité relative et peuvent perdre un peu de leur fleur puisqu'ils sont destinés à être repeints. Mais où l'on fait fausse route, c'est en se servant pour cet usage de fixatifs à base de gélatine, comme ils le sont tous, depuis le premier, inventé par Latour il y a plus de cent ans, jusqu'au dernier paru, qui est, par parenthèse, exactement le même.

On introduit ainsi dans la couleur une substance qui y attire l'humidité et détermine des fermentations dont le résultat est souvent la perte du pastel qu'on voulait garantir.

Il ne faut employer comme matières agglutinatives que des substances imputrescibles et imperméables.

Maintenant, soyez bien convaincus de ce principe, que, quel que soit le procédé de peinture qu'on emploierait, on arriverait aux mêmes résultats. En broyant de la couleur avec du pétrole aussi bien qu'avec un autre liquide volatil, alcool ou eau, une fois le pétrole évaporé, cette couleur serait du pastel. En ajoutant un agglutinatif soluble au pétrole, huile ou résine par exemple, en très petite quantité d'abord, la couleur prendrait, une fois sèche, la consistance et l'aspect d'une détrempe ; et à mesure que vous augmenteriez les quantités d'huile ou de résine, vous verriez s'accentuer la solidité et la transparence.

En somme, que l'on broie la couleur avec plus ou moins d'un agglutinatif quelconque ou qu'on fasse pénétrer ce plus ou moins d'agglutinatif dans une couche de couleur après coup, c'est la même chose, et il n'est pas possible de sortir de ce dilemme : la couleur reste en poudre et n'est pas solide sur le subjectile, ou on y ajoute un agglutinatif qui la solidifie, mais alors elle n'est plus en poudre et n'a plus les qualités du pastel.

Les matières colorantes que l'on emploiera pour le pastel devront être les mêmes que celles qui sont reconnues solides pour les autres genres de peinture. On pourra même utiliser le carbonate de chaux, qui donne un blanc préférable, en ce sens qu'il ne subit pas l'influence des émanations de gaz et qu'on ne peut l'employer à l'huile parce qu'il ne couvre pas.

Malheureusement, les fabricants de pastels sont entraînés plus que tous autres à donner des produits peu solides parce qu'avec ces mêmes blancs de carbonate de chaux teints à l'aniline on obtient des pastels d'une très bonne pâte et de tons magnifiques, mais qui s'évanouissent à la lumière. Il faudrait donc, pour ces couleurs, exiger les mêmes garanties que pour les couleurs à l'huile et s'inquiéter de savoir si, dans les mélanges faits par le fabricant pour préparer les gammes de tons rompus qu'il nous présente, il ne se trouve pas des substances pouvant produire des réactions chimiques les unes avec les autres.

LA PEINTURE EN DÉTREMPE

Dans ce procédé, la couleur est broyée à l'eau et on la détrempe à mesure que l'on peint avec de la colle de peaux, que l'on entretient liquide au bain-marie. Nous ne ferons que mentionner ce genre de peinture qui n'est du reste plus guère employé que pour les décors de théâtre.

Ce livre n'a pas pour but d'apprendre à peindre selon tous les procédés qu'il décrit, mais seulement de donner à des artistes que nous supposons déjà expérimentés, les moyens de rendre leurs œuvres plus durables. Or, pourquoi s'attarder sur un procédé qui n'est plus utilisé que par quelques-uns pour servir d'ébauche, surtout quand nous trouvons cet usage mauvais et que nous n'avons qu'à tâcher de les en dissuader? En effet, pour repeindre à l'huile sur une détrempe, qui serait beaucoup trop absorbante, il faut passer préalablement dessus une couche d'huile ou de vernis qui l'assombrit considérablement, parce qu'elle reprend le ton qu'elle avait étant mouillée : on perd tout le bénéfice de la fraîcheur, qui en est la qualité. Ou bien alors il faudrait augmenter la quantité de colle pour en faire une aquarelle à colle, au lieu d'être à gomme. Dans ces conditions, elle serait moins absorbante et ne changerait pas de ton sous la couche de vernis ou de fixatif dont on la recouvrirait avant de peindre à l'huile. Seulement, la gélatine en si grande quantité a le défaut d'écailler; et puisque, pour d'autres raisons déjà expliquées, nous la rejetons des enduits, pourquoi l'introduire dans l'ébauche?

On pourrait prendre de la colle au fromage

qui n'a pas les mêmes inconvénients ; mais il faudrait en mettre aussi beaucoup. Or, comme nous venons de le voir il n'y a qu'un instant, ce n'est pas l'espèce de colle ou de gomme employée qui fait qu'une peinture est de la détrempe ou de l'aquarelle, c'est la quantité qu'on en met. Dans la détrempe, cette quantité de colle est assez faible pour que les parcelles de matières colorantes soient agglutinées sans être recouvertes ; dans l'aquarelle, au contraire, la quantité de gomme est assez forte pour que les parcelles soient toutes noyées dedans.

Donc avec la gélatine ou la colle de fromage ou la gomme, vous pouvez faire depuis la détrempe jusqu'à l'aquarelle.

Eh bien ! c'est à l'aquarelle qu'il faut ébaucher et non à la détrempe, c'est-à-dire avec beaucoup de colle ou de gomme dans la couleur ; et comme la gomme arabique est plus transparente que la colle, nous la préférons pour cet usage.

Quant aux auteurs qui ont écrit que Véronèse ébauchait à la détrempe, ils ne se sont pas rendu compte de ce que veut dire au juste ce mot, et c'est de cette erreur que sont venues toutes les tentatives infructueuses que l'on a faites pour retrouver ce procédé des maîtres vénitiens. Oui! ils ont ébauché à la colle, mais avec assez de colle pour que cette ébauche fut transparente et imperméable à l'huile dans la mesure nécessaire, comme l'est l'aquarelle, et non farineuse et absorbante comme l'est la détrempe!

LA GOUACHE

La gouache n'est pas autre chose qu'une détrempe; seulement les couleurs y sont détrempées avec de la gomme arabique fondue dans l'eau, au lieu de colle de peau. Nous n'aurons donc rien à dire de plus à ce sujet.

LA PEINTURE A L'ŒUF

Ce procédé, un des plus anciens, se prête à une grande quantité de combinaisons. Il peut aller depuis la détrempe jusqu'à l'aquarelle, c'est-à-dire depuis la plus grande matité jusqu'à la plus grande transparence ; et comme il permet l'adjonction des résines et de la cire, il peut acquérir une solidité que la peinture à l'huile n'aura jamais.

Anciennement on broyait les couleurs à l'eau et on les détrempait avec des jaunes d'œufs frais émulsionnés à l'eau froide (c'est la détrempe à l'œuf), on y adjoignait quelquefois le blanc d'œuf naturel ou l'albumine pour augmenter la transparence. Pour introduire les résines, on les faisait préalablement dissoudre dans une essence et c'est à l'état de vernis qu'on les mêlait à l'œuf, soit directement, soit en émulsion avec de l'eau.

Pour introduire la cire, il fallait d'abord la rendre miscible à l'eau par l'intermédiaire d'un alcali et l'on n'en connaissait qu'un, qui était la chaux.

C'est par ces mélanges habilement employés qu'ont été obtenues ces peintures du moyen âge, ayant résisté à plusieurs siècles sur les murs humides, et que l'on a souvent prises à tort pour des fresques. De même beaucoup de tableaux sur bois, sur cuivre, ardoise ou autres matières peints de la même façon ont été considérés comme des tableaux à l'huile. Ce qui a fait commettre cette erreur, c'est que, dans ces peintures, les modelés des chairs sont tellement fondus et si finis qu'ils n'ont pu être exécutés qu'avec une pâte visqueuse longtemps malléable comme est la couleur à l'huile ; mais les peintres du moyen âge obtenaient ces mêmes résultats en triturant le jaune d'œuf directement, sans eau, avec une résine : l'huile que contient celui-ci la dissolvait, et les couleurs broyées avec cette pâte avaient absolument la consistance de la peinture à l'huile.

Aujourd'hui, si l'on veut imiter ce genre de peinture, il n'est pas nécessaire de prendre des œufs ; il est plus simple de faire l'analyse des matières que contenaient ces mélanges, de ne prendre que celles qui sont utiles et de reproduire ainsi cet antique procédé.

— Qu'y a-t-il dans un œuf ?

— Le jaune et le blanc.

— Qu'y a-t-il dans le jaune ?

— De la vitelline analogue à la caséine,

une huile, plus du soufre et autres matières inutiles.

— Qu'y a-t-il dans le blanc ?

— De l'albumine et autres matières inutiles.

Pour reconstituer les parties utiles de l'œuf, il suffit donc de caséine, d'huile d'œuf et d'albumine. Nous pouvons y introduire les résines en les dissolvant directement dans l'huile d'œuf, y introduire la cire avec l'alcali volatil (ammoniaque), qui transforme en même temps la caséine en colle, et voilà la peinture à l'œuf refaite chimiquement et plus purement qu'autrefois, puisque nous n'avons pas les matières inutiles de l'œuf : entre autres, le soufre, qui serait même nuisible, si l'on voulait employer le blanc de plomb. Une peinture exécutée par ce procédé est excessivement solide, surtout si on la recouvre avec un vernis final de bonne qualité. On pourrait pour cet usage essayer un vernis composé de *résine normale* dissoute dans l'huile d'œuf dans les proportions de deux parties de résine contre une partie d'huile. Comme ce vernis serait beaucoup trop épais pour être employé, on pourrait l'étendre de pétrole volatil, qui, une fois évaporé, ne laisserait que l'huile et la résine. Mais ce vernis est très lent à sécher, il poisse pendant des semaines, et il faudrait que le tableau fût mis à l'abri de la poussière pendant tout le temps du séchage : aussi ne donnons-nous pas cette formule comme bien pratique.

L'huile d'œuf peut aussi dissoudre le copal, en le décomposant beaucoup moins que toute autre huile, parce que le point d'ébullition de l'huile d'œuf est juste le même que le point de désorganisation du copal, 370 degrés centigrades, et que celui-ci, étant bien immergé dans de l'huile d'œuf bouillante, ne peut ainsi être porté à une température supérieure.

Les solutions du copal dans l'huile d'œuf sont incolores et il n'y a pas de perte de poids.

Les vernis ainsi obtenus sont donc beaucoup plus forts que ceux à l'huile de lin et ne jaunissent pas.

Tout ceci, comme nous l'avons dit déjà à propos de l'huile d'œuf, est peut-être l'avenir ; mais, pour l'instant, personne n'a encore étudié cette question, car on ne peut donner comme

une étude suffisante les quelques expériences
que nous avons pu faire et que nous n'avons
pas poursuivies, comme hélas ! tant d'autres
choses intéressantes, pour l'éternelle raison
que la vie est courte et qu'à tout entreprendre
on ne termine rien.

CHAPITRE XIII

L'AQUARELLE

Nous voici arrivés à l'aquarelle.

Sous ce nom, on fait aujourd'hui un genre de peinture très complexe qui comporte des empâtements, des matités et des transparences. C'est, en différentes proportions, un mélange des anciennes peintures des missels avec la gouache et le lavis. Tous ces procédés de peinture, qui ont pour liquide l'eau et pour agglutinatif la gomme arabique, sont de la plus grande antiquité ; mais l'aquarelle proprement dite, qui n'est qu'un lavis en couleurs et où le papier est réservé pour faire les lumières, ne remonte guère qu'au commencement de ce siècle, car les peintres qui se sont servis, avant cette époque, du lavis pour leurs esquisses, se bornaient à quelques teintes neutres qui n'ont jamais dépassé les proportions d un camaïeu.

Tous les genres de peintures auxquels on peut se livrer avec des couleurs broyées à la gomme, ayant les mêmes causes de destruction et demandant les mêmes soins pour être conservés, nous ne leur ferons pas d'articles spéciaux ; nous nous bornerons à donner les indications nécessaires pour faire solidement l'aquarelle en général.

LE PAPIER

Le papier à aquarelle ne devrait être fabriqué qu'avec des chiffons de pur fil et n'être blanchi que par l'action de l'eau pure, de l'air et du soleil ; mais il est bien rare qu'il en soit ainsi. On y introduit du coton et, comme il se vend au poids, du kaolin ou autres matières lourdes. Enfin on se sert, pour le blanchir, de chlore ou d'autres agents chimiques, qui brûlent le fil et sont souvent destructeurs des couleurs.

La colle, qui l'empêche d'être trop buvard,
doit être également répartie dans la pâte et
non mise à la surface après coup ; sans quoi,
aussitôt que l'épiderme est usé par un travail
prolongé, on retrouve l'intérieur irrégulière-
ment spongieux, ce qui détermine des taches.
Non seulement le papier doit être sec quand on
l'emploie, mais il ne faut pas qu'il ait jamais
subi l'action de l'humidité depuis sa fabrication, parce qu'alors la colle fermente, se décompose et perd ses propriétés.

Les fabricants anglais, dont nous sommes
tributaires pour toutes les fournitures de l'a-
quarelle (on ne sait vraiment pas pourquoi !)
envoient des quantités énormes de leur papier en France, et, par économie, les transpor-
tent par eau jusqu'à Paris ; de sorte que ces
papiers sont restés quelquefois plusieurs semaines à fond de cale dans les bateaux, quand
ils arrivent à quai.

De plus, tous les commerces se faisant maintenant par l'entremise des commissionnaires
en gros, ceux-ci, lorsqu'ils reçoivent les rames
de papier, les entassent dans des magasins au

rez-de-chaussée, souvent même en sous-sol, jusqu'à ce qu'ils les livrent aux débitants. Là, le papier se sèche enfin ; mais il est gâté.

Il faudrait faire son papier soi-même, ce qui n'est pas pratique, ou qu'une société d'artistes importante s'arrangeât avec une fabrique (c'est toujours à ce moyen qu'on aboutit) pour obtenir un papier dans de bonnes conditions.

En attendant cet âge d'or des peintres, il n'y a qu'un seul moyen d'avoir du bon papier : c'est de le choisir. Il faut se transporter chez les marchands avec sa boîte à aquarelle, acheter une feuille, l'essayer séance tenante et, quand on tombe sur une bonne veine, faire une provision.

Le papier bien conservé, dans un lieu sec, à une température moyenne, ne se détériore pas : au contraire, il s'améliore.

Quant aux observations que vous pourriez faire à votre marchand de couleurs qui les redirait à son placier, qui les porterait au commissionnaire pour que celui-ci les transmette au fabricant, ce serait peine perdue. Il n'en est du reste pas ainsi seulement pour le papier : pour tout autre article, ce serait la même chose et les réclamations des artistes, même de grande réputation, n'ont pas plus d'importance pour ces messieurs que n'en ont les cris des moutons à l'abattoir.

LES GOMMES

Les couleurs pour l'aquarelle sont broyées avec de l'eau gommée ; mais le choix de la gomme n'est pas indifférent. La gomme arabique était excellente pour cet usage, malheureusement on ne peut plus l'employer aujourd'hui par la bonne raison qu'il n'y en a plus.

— Comment, il n'y en a plus ! Tous les pharmaciens en vendent.

— Oui, ils vendent de la gomme qu'ils appellent arabique.

— Elle serait donc fausse ?

— Elle est fausse sans l'être, c'est-à-dire que, n'étant pas la vraie, elle est fausse ; mais la vraie n'existant plus, il ne peut pas y en avoir de fausse. Et puis, telle qu'elle est, on la contrefait. Elle devient donc la vraie, puisqu'on en fait de la fausse !

Si ce raisonnement un peu alambiqué suffit à MM. les pharmaciens pour le repos de leur conscience, leur gomme arabique n'en est pas moins très différente de celle d'autrefois. Elle provient des mêmes espèces d'acacias que l'on a plantés au Sénégal et ailleurs, mais qui ne se trouvent plus dans les mêmes conditions climatériques.

On suppose qu'en Arabie la gomme de ces mêmes acacias devait ses qualités particulières à l'ardeur du soleil auquel elle restait longtemps exposée sur le tronc des arbres, et que ceux-ci ne pouvaient supporter la haute température du pays que grâce à la présence de rivières souterraines dans lesquelles plongeaient leurs racines. On explique alors que ces rivières étant venues à se tarir dans les contrées où poussaient les acacias à gomme, ceux-ci ont fini par disparaître totalement. Ce qui est certain, c'est que la chaleur est un agent nécessaire, car, en soumettant les gommes du Sénégal à des températures élevées et progressives dans des étuves, on arrive maintenant à leur redonner une partie des qualités de l'ancienne gomme arabique.

Il est donc bien entendu qu'on ne trouve plus à présent dans le commerce que des gommes du Sénégal ou autres provenances, et que ce sont ces gommes que l'on rend propres à l'aquarelle en leur faisant subir un traitement préalable.

Dans ces gommes, il y a naturellement plusieurs choix et naturellement aussi des falsifications. Il y en a même qui ne contiennent pas de gomme du tout.

Voici le truc : On fait avec de la dextrine, de la gélatine ou autres matières bon marché fondues dans de l'eau une pâte épaisse que l'on dépose sur une passoire à trous de diamètres inégaux dont on mâchure les bords avec une lime (queue-de-rat) ; la pâte sort petit à petit de ces trous par son propre poids, et les larmes qui en résultent se trouvent avoir leur surface striée comme la véritable gomme. Quand les morceaux sont secs, on les casse et voilà !

Est-ce assez arabique ?

Il est nécessaire que les couleurs à l'aquarelle

puissent se redélayer facilement sur la palette ;
mais il faut cependant qu'elles aient encore
assez d'insolubilité pour qu'on puisse passer
une seconde teinte sur une première sans enlever celle-ci. Ce degré juste ne peut pas s'obtenir pour toutes les couleurs avec la même
gomme. Dans presque toutes, la gomme passée
à l'étuve est nécessaire, parce qu'elle se détrempe facilement ; mais, dans quelques-unes,
la gomme du Sénégal naturelle est préférable,
et pour d'autres, comme le vert-émeraude,
par exemple, on est obligé d'avoir recours à la
dextrine [1].

Les matières colorantes que l'on peut employer en aquarelle sont les mêmes que pour
la peinture à l'huile, et autant de soins seront
à prendre pour s'assurer de leur pureté. (Voyez
page 292.)

Dans les couleurs à l'aquarelle du commerce
nous trouvons un grand défaut, surtout lorsqu'on veut s'en servir pour ébaucher et repein-

1. Les chromates rendent la gamme insoluble et le
vert-émeraude, quand il n'est pas bien fabriqué, est dans
ce cas.

dre à l'huile par-dessus ; elles ne sont pas toutes également gommées.

Pour obtenir ce gommage égal, il faut essayer les couleurs pendant le broyage et rajouter de la gomme tant que la couleur, une fois séchée, n'a pas le même ton qu'étant mouillée. Lorsqu'on est ainsi arrivé à un gommage égal, les couleurs ne s'imbibent pas plus à un endroit qu'à l'autre.

Les artistes désirent, selon leur goût, des couleurs plus ou moins moites, et l'on arrive à les satisfaire en y ajoutant des quantités plus ou moins grandes de miel ou de glycérine ; on a même souvent recours au sucre ; mais tout cela a des inconvénients : d'abord les matières sucrées attirent l'humidité ; s'il y a excès, les couleurs se ramollissent au point que, souvent, des aquarelles, dans un carton, se collent les unes aux autres.

Mais ce n'est pas seulement l'humidité que le sucre attire : ce sont aussi les mouches et les dégâts qu'elles font sont irrémédiables. Elles laissent partout, dans la couleur des teintes fraîches, les empreintes de leur trompe comme autant de petits coups d'une éponge microscopique. Nous avons vu un jour une tête de femme, très finement modelée, assaillie par les mouches, devenir comme marquée de la petite vérole.

Souvent, pour faciliter l'exécution, surtout pour de grandes parties comme les ciels par exemple, on a besoin de retarder la dessiccation trop prompte et pour cela on est obligé d'entretenir son papier humide. On pourrait mettre un peu de glycérine dans son eau, mais bien peu, ou se servir d'une solution de gomme adragante ou de chlorure de calcium. Quelques anciens miniaturistes employaient à cet usage la bave d'escargot ou le lait de figuier, mais tous ces moyens ont plus ou moins d'efffcacité et ne sont pas sans danger. Presque toutes les substances lentes à sécher ne possèdent cette qualité que grâce à l'affinité qu'elles ont pour l'eau : cette affinité pour l'eau leur donne la faculté de la retenir plus longtemps, mais aussi de la reprendre plus vite, et transformerait les aquarelles en véritables baromètres. Il faudrait chercher un liquide qui n'ait pas d'affinité pour l'eau, mais qui s'évapore naturellement beaucoup plus lentement qu'elle. Nous l'avons trouvé ce liquide, il a même l'avantage de ne détremper la gomme qu'au bout d'une heure, de sorte qu'on peut repeindre sans délayer le dessous et que l'on peut modeler en pleine pâte, comme à l'huile, pendant plusieurs heures. Si, après avoir ainsi travaillé quelque temps, on désire faire sécher tout de suite, en mettant l'aquarelle au soleil ou devant le feu, ce fameux liquide s'évapore en quelques minutes.

Seulement (il y a un seulement!) ce liquide ne se fait pas couramment dans le commerce, ce n'est encore qu'une curiosité de laboratoire et il revient actuellement à 300 francs le litre. Ce n'est pas pratique.

Espérons cependant qu'on arrivera bientôt à le produire à des prix abordables et que les aquarellistes pourront utiliser cette merveille, car c'en est une.

Dans le procédé de l'aquarelle, les couleurs superposées ont une parfaite adhérence, puisque la seconde couche détrempe la première

et se mêle avec elle. Il n'y a donc pas de précautions à prendre pour la solidité durant
l'exécution, sauf cependant de ne pas faire
d'empâtements. Si l'on se sert de blanc et que
l'on veuille faire un ton clair à la place d'un
ton foncé, au lieu d'épaissir la touche jusqu'à
ce que le ton foncé n'ait plus d'influence par
transparence, il sera préférable de le laver
d'abord, et sur le papier remis à nu, fût-il
même resté sali, on aura besoin d'empâter
beaucoup moins pour obtenir le même ton.

L'aquarelle ne contient pas non plus, en
elle-même, rien qui puisse l'altérer ou la détruire; mais elle est sujette à l'action de l'air,
de l'eau et de beaucoup d'autres accidents, et
si l'on veut obtenir une solidité complète, il
faut la fixer.

LE FIXATIF

Pourquoi, diront certaines personnes, fixer
les aquarelles? Elles sont généralement protégées par un verre, et l'on n'a pas l'habitude
de les tremper dans l'eau. On pourrait ré-

pondre qu'un excès de précaution ne peut jamais nuire et qu'il est déjà utile de les préserver d'un accident possible. Mais le fixatif a un autre but. L'aquarelle, même sous verre, est souvent détériorée par plusieurs causes. L'humidité qui pénètre dans le papier, facilitant la fermentation de la gomme avec laquelle les couleurs sont broyées, détermine la formation de champignons microscopiques. On dit alors que l'aquarelle se pique ou qu'elle moisit.

L'excès de chaleur, produit par le voisinage d'un tuyau de cheminée ou les rayons du soleil à travers le verre, amène la gomme à un tel état de sécheresse, qu'elle s'écaille en parcelles imperceptibles et quitte le papier en entraînant la couleur avec elle. On dit alors que l'aquarelle passe : ce qui a permis à un critique d'art d'écrire, très spirituellement, qu'elle était un déjeuner de soleil.

Or, le fixatif a justement pour mission d'empêcher le soleil de déjeuner avec les aquarelles et l'humidité d'y cultiver des champignons.

Pénétrant profondément dans le papier, il entoure la gomme et les matières colorantes d'un ciment transparent, toujours souple, aussi dur que le verre, imputrescible et absolument imperméable. Il ne peut être attaqué par aucun acide, de sorte que les couleurs, que l'on n'ose employer d'habitude, parce que l'influence des gaz répandus dans l'atmosphère les détériore, restent, ainsi protégées, d'une entière solidité. A part ces deux agents destructeurs, l'humidité, la sécheresse, que le fixatif paralyse, les aquarelles peuvent encore s'abîmer pour d'autres raisons. Si on les laisse à l'air, le papier jaunit avec le temps. Même dans un carton, elles prennent la poussière, et même sous verre, la fumée de charbon de terre les atteint et les encrasse. Le fixatif remédie à tout cela. Le papier ne jaunit plus jamais lorsqu'une aquarelle est fixée, et, si sale et si graisseuse qu'elle devienne, un lavage fait avec une éponge douce, de l'eau et du savon noir lui rend son éclat et sa fraîcheur.

Voici donc, pour l'amateur jaloux de conserver les aquarelles qu'il achète et qu'il aime, les services que peut rendre le fixatif.

Mais pour l'artiste, à qui sa modestie interdirait de s'occuper de la durée de ses œuvres, le fixatif offre d'autres avantages par la facilité qu'il apporte à son travail.

On peut fixer tout ou partie d'une aquarelle en cours d'exécution, pour retoucher ensuite par-dessus, et cela plusieurs fois de suite.

On peut, avec le liquide dissolvant, retirer en totalité ou en partie le fixatif d'une aquarelle et retrouver celle-ci telle qu'elle était avant le fixage, ce qui fait que les retouches sont éternellement possibles. (Voyez page 303).

Dans le cas où la couleur ne reprendrait pas facilement sur certaines parties d'une aquarelle déjà fixées, il suffit de mettre avec un pinceau un peu de liquide dissolvant sur ces parties et de laisser évaporer. La couleur reprendra ensuite facilement.

Le fixatif est, en outre, un révélateur infaillible des couleurs de mauvaise qualité qu'il faut bannir de sa palette.

Il suffira, pour s'en convaincre, de mettre sur du papier des touches-échantillons de toutes les couleurs que l'on emploie et de les fixer ou de passer dessus simplement du liquide dissolvant; toutes celles qui contiennent de 'aniline ou de la gomme-gutte, et qui par conséquent sont détestables puisqu'elles se détruisent à la lumière, se dissoudront dans le fixatif et ne devront jamais être employées.

AQUARELLE FIXE PAR LE FEU

Nous avons parlé, à propos de la peinture murale, d'un procédé que l'on pouvait appliquer à l'aquarelle.

Ce procédé, auquel nous avons donné le nom d'aquarelle fixe (Voyez page 327), peut s'employer sur papier, sur bois ou sur étoffe, et toutes les matières du reste, pourvu qu'elles puissent résister au degré de chaleur nécessaire à la fixation, qui est de 120 à 150 degrés.

Les couleurs enfermées dans les tubes se conservent indéfiniment et sur la palette restent fraîches pendant des mois ; pour les employer, on les détrempe avec de l'eau ou avec moitié eau, moitié glycérine, quand on veut travailler longtemps dans le frais.

Lorsqu'on les laisse sécher sur le papier,

elles prennent l'aspect du pastel ; mais on peut les humecter de nouveau à l'aide d'un vaporisateur, et lorsqu'elles sont fixées au moyen de la chaleur, elles reprennent l'aspect qu'elles ont étant mouillées.

Le fixage se fait au moyen d'une lampe à alcool surmontée d'un tuyau coudé, dont on promène l'orifice devant le tableau ; lorsque la couleur prend un aspect luisant sous l'influence de la chaleur, on laisse refroidir et on lave à grande eau pour enlever la glycérine. Ce lavage peut se faire sous le robinet d'une fontaine ou avec une éponge que l'on presse au-dessus de l'aquarelle, de façon que l'eau glisse verticalement, ou, si le sujet n'est pas bien grand, en l'immergeant dans un seau d'eau à plusieurs reprises.

Alors on laisse sécher naturellement ou on active ce séchage avec la lampe que l'on tient assez éloignée, et quand toute trace d'eau a disparu, on rapproche la lampe ; à ce moment, 'aquarelle est devenue blanchâtre : et on la voit reprendre sa valeur à mesure que la chaleur s'accentue.

Quand toutes les couleurs sont revenues à leur ton primitif, l'aquarelle est fixée. On peut alors repeindre par-dessus sans crainte de rien détremper ; on peut même laver avec l'éponge, comme on le ferait sur un tableau à l'huile ; seulement il ne faut pas frotter en appuyant trop fortement parce qu'alors ce n'est pas la couleur qui partirait, mais le papier qui se désagrégerait, comme tout papier mouillé que l'on frotte énergiquement.

On peut introduire la cire dans cette peinture en la préparant en solution dans la glycérine par l'ammoniaque (Voy. page 320) ; cette solution se garde parfaitement en bouteille.

Cette cire ainsi préparée se mêle avec les couleurs en peignant, mais le mieux est d'en passer une couche avant de peindre.

Lorsqu'on aura usé de la cire une fois dans une aquarelle, il sera nécessaire de donner cette couche de cire chaque fois que l'on voudra repeindre, parce que la chaleur du fixage la fait fondre et que les couleurs nouvelles ne reprendraient pas par dessus, mais, avec cette couche de cire préparée, elles reprennent parfaitement.

L'emploi de ce procédé nécessite une certaine habitude, comme on peut le comprendre, et il y a dans le chauffage un tour de main à prendre; mais quand on y est accoutumé, il devient très facile de s'en servir, et les résultats, d'une solidité parfaite, tiennent le milieu entre le pastel et l'aquarelle. Il est utile de réserver le papier pour les lumières, de manière à ne pas être obligé de mettre d'empâtements de blanc, et celui-ci doit être de l'oxyde de zinc, car les carbonates de plomb ou de chaux ne supportent pas la chaleur nécessaire au fixage.

Quand l'aquarelle ainsi faite ne contient pas de cire, on peut la vernir au vernis à l'œuf léger et par-dessus, avec le vernis à retoucher, le fixatif ou le vernis à tableau.

On peut aussi vernir ces aquarelles sans cire avec de la gomme laque dissoute dans l'eau par le borax. (Voyez page 318.)

Quand l'aquarelle contient de la cire, il est préférable de se contenter de passer dessus une couche de cire préparée à la glycérine et de chauffer; la cire se fond et la glycérine ressort à la surface en petites gouttelettes, comme une buée ; un léger lavage l'enlève de suite et un dernier chauffage unifie le tout en répartissant la cire également sur toute la surface.

Quand on emploie ce procédé sur des matières colorées, comme le bois, le carton, etc., il est utile de les couvrir d'un enduit qui fasse une surface blanche. Dans ce cas, pour éviter des lavages et des doubles chauffages, on devra avoir du blanc de zinc préparé à l'eau sans glycérine et l'étendre avec une queue de morue bien régulièrement ; lorsque cet enduit sera sec naturellement, il sera farineux comme du pastel et un seul chauffage suffira pour le fixer.

Si, dans le courant du travail, on veut changer quelques parties de l'aquarelle déjà fixées et retrouver une surface blanche pour n'avoir pas à empâter, on enlèvera le morceau à refaire avec un linge imbibé du liquide dissolvant (du fixatif à aquarelle) et ensuite avec de l'eau. On remettra à la place une couche de blanc de zinc à l'eau pour reconstituer l'enduit. Si c'est sur papier, cela est inutile ; car, après un lavage au liquide dissolvant, on retrouve le papier blanc intact.

Ces couleurs peuvent être mélangées avec de la gomme; dans ce cas, on met moins de glycérine au broyage et on les détrempe à l'eau pure. L'emploi redevient le même que pour l'aquarelle, et, après avoir chauffé, on n'a pas besoin de laver puisqu'il n'y a plus de glycérine à enlever.

Les couleurs fixées par la chaleur sont plus imperméables que celles à l'aquarelle pure, mais ne le sont pas complètement puisqu'elles contiennent un peu de gomme.

Il est vrai qu'on a la ressource de les fixer au fixatif, mais alors il faut passer celui-ci rapidement sans revenir plusieurs fois à la même place, parce que le fixatif dissout les autres matières qui agglutinent les couleurs avec la gomme.

AQUARELLE A LA SARCOCOLLE

Nous avons usé quelquefois de la sarcocolle pour agglutiner les couleurs à l'aquarelle. La sarcocolle est une gomme-résine qui se dissout à l'eau et à l'alcool.

Elle était connue des anciens et fut très employée par les primitifs, surtout en Italie. Pline en parle déjà comme d'une substance très utile aux peintres et aux chirurgiens (son nom l'indique du reste) : on en imprégnait les bandelettes qui servaient à panser les blessures. Remplacée en pharmacie par le sparadrap, et les peintres ne s'en servant plus depuis plusieurs siècles, elle est aujourd'hui presque introuvable : cependant on peut s'en procurer et la nature en fournit autant que l'on en voudra; il suffit de la faire récolter.

Il est nécessaire de lui faire subir quelques préparations pour la décolorer et extraire la sarcocolline, qui est la seule partie qu'on doive utiliser. (Voyez p. 314.)

Les couleurs broyées avec la sarcocolline, qui s'introduit comme la gomme, sont d'une richesse et d'une intensité colorante extraordinaires. Elles ont l'avantage de se détremper beaucoup moins vite que celles à la gomme, par conséquent permettent les glacis sur des gouaches et rendent les superpositions de teintes beaucoup plus faciles. Par contre, elles

ont l'inconvénient de n'être presque pas redé-
layables une fois séchées sur la palette, et la
ténacité de cette gomme-résine est si forte
qu'en se desséchant elles enlèvent l'émail
des boîtes d'aquarelle et mettent le fer-blanc à
nu. On ne peut donc les employer facilement
qu'en les conservant humides dans des petits
flacons à large ouverture, d'où on les prend
avec la pointe d'un couteau. Il est du reste facile de les garder ainsi, en ayant soin de
remettre de temps à autre moitié eau et
moitié alcool dans les flacons, la présence de
l'alcool empêchant la fermentation.

On peut détremper ces couleurs avec de
l'eau mélangée d'alcool, en différentes proportions et même avec de l'alcool pur. On a
ainsi une aquarelle qui sèche très rapidement,
ce qui est parfois très commode, surtout avec
des subjectiles plus ou moins imperméables,
sur lesquels les teintes à l'eau pure ont une
tendance à couler et à se fondre les unes dans
les autres. En effet, il est très utile que sur les
matières qui absorbent peu ou pas du tout
l'excès du liquide qui a servi à étendre la cou-

leur, ce liquide s'évapore d'autant plus vite qu'il est moins absorbé.

Les couleurs à la sarcocolline, détrempées à l'alcool, ont aussi l'avantage de très bien prendre sur les surfaces grasses. On peut donc faire par ce moyen des aquarelles sur des fonds peints à l'huile. Ce procédé est très expéditif et produit des effets étonnamment puissants.

Il est très commode pour la décoration dans un appartement habité où l'on craint l'odeur de l'huile, et donne une peinture très solide, surtout si on la recouvre de cire ou de vernis selon qu'on la désire mate ou brillante.

Ce genre d'aquarelle ne peut pas se fixer avec le fixatif, parce que l'alcool que contient celui-ci dissoudrait la sarcocolline; mais il est très facile d'en faire un qui n'ait pas cet inconvénient.

Encore un mot pour les aquarellistes qui ont la fâcheuse habitude de trop sucer leurs pinceaux : la sarcocolline a un goût amer dans le genre de l'aloès et des propriétés pharmaceutiques analogues! En somme, tous ces procédés peuvent se prêter un mutuel secours

selon les besoins du travail ; nous en avons souvent mélangé plusieurs et quelquefois tous
ensemble dans la même aquarelle, il faut seulement faire bien attention à leurs propriétés
respectives et aux différentes façons dont il
faut fixer chacun d'eux.

CHAPITRE XIV

CONCLUSION

Nous répéterons, en terminant ce livre, ce que nous avons dit dans sa préface. Nous n'avons pas pris pour but de faire des traités pour apprendre aux peintres ce qu'ils savent aussi bien que nous, ni aux amateurs ce qu'ils ne peuvent apprendre qu'avec un professeur. Nous nous sommes borné à essayer de détruire les préjugés de l'ignorance, les pratiques nuisibles de la routine et à fournir aux artistes de bonne volonté les renseignements nécessaires pour tirer le meilleur parti de leurs outils, pour se procurer des matières solides et pour employer celles-ci de façon que leurs œuvres restent le plus longtemps possible en l'état où ils

les ont laissées, quels que soient les procédés
dont ils se seront servis pour les faire.

L'espoir que ce livre sera utile à ceux qui le
liront est bien naturel, mais nous avons encore
l'ambition de croire qu'il aura de bons résultats, même pour ceux qui ne le liront pas.

L'accueil bienveillant que les élèves de
l'École des Beaux-Arts ont fait au cours sur les
procédés matériels de la peinture, et l'assiduité
avec laquelle ils l'ont suivi, prouvent que ces
questions commencent à ne plus leur être in-
différentes ; et nos élèves, c'est l'avenir !

Le goût de la science venant toujours à
mesure qu'on étudie, on verra la jeune génération s'occuper bientôt de rechercher les traditions perdues et s'appliquer à profiter des
leçons du passé. Déjà la Société des Artistes
français a formé une Commission qui rendra,
nous l'espérons, d'immenses services.

La mauvaise fabrication des matériaux que
les peintres emploient est un fait avéré et l'idée
du remède à trouver se généralise ; aujour-
d'hui on s'occupe de cette question et on ne s'en
occupait pas hier, il était même de bon goût

de la mépriser. De tous côtés les symptômes se manifestent d'une réaction prochaine contre l'ignorance ; nous voyons se faire une évolution psychologique qui amènera les peintres à ne plus rougir de savoir leur métier et le moment n'est pas éloigné où un monsieur qui dira dans un salon : « Je me moque pas mal de ce que peuvent devenir mes tableaux après qu'ils sont vendus, » sera jugé aussi prétentieux et aussi ridicule qu'un architecte qui ferait fi de la solidité des monuments qu'on lui donne à construire.

Voilà assez longtemps que dure cette école buissonnière aux champs de la fantaisie. Que les artistes reprennent donc l'ancienne route tracée par les vieux maîtres : ils y trouveront de nobles exemples à suivre. Rubens, un des hommes les plus érudits de son temps ; Van Dyck, chimiste distingué ; Léonard de Vinci, ingénieur et mathématicien ; Michel-Ange, peintre, architecte, sculpteur et poète, et tant d'autres encore, ont bien prouvé que le savoir ne nuit pas au génie.

Espérons donc que la science et la peinture,

après avoir été séparées longtemps, resteront définitivement liées dans l'avenir comme elles l'ont été dans le passé, et nous considérerons alors comme une grande récompense de nos travaux d'y avoir été pour quelque chose.

APPENDICE

RECETTES ET MANIPULATIONS

Nous avons réuni dans cet appendice toutes les indications pratiques nécessaires aux artistes qui voudraient pousser l'amour de la science jusqu'à faire eux-mêmes l'application des préceptes que contient ce livre. Mais nous n'espérons pas que cette partie de l'ouvrage trouve beaucoup de lecteurs; et la mettant ainsi en dehors, c'est presque avouer d'avance l'ennui qui s'en dégage.

A tous ceux que les chiffres endorment, aux raffinés à qui toute cuisine répugne, aux cerveaux paresseux que toute attention fatigue, aux esprits superficiels que les choses sérieuses n'intéressent pas; enfin à tous ceux qui ne lisent que pour s'amuser, nous aurons la conscience de dire avant qu'ils n'aient tourné ce feuillet : Méfiez-vous! Abandonnez tout espoir de rire! ou n'allez pas plus loin! On va vous instruire!

COULEURS BONNES ET COULEURS MAUVAISES

Le blanc de plomb ou blanc d'argent

(Carbonate de plomb)

Anciennement on l'obtenait par un procédé (dit procédé hollandais) que voici :

On mettait dans des pots de terre des morceaux de plomb trempant dans du vinaigre et l'on enfouissait ces pots, rangés sur des planches, dans des fosses dont le fond était rempli de fumier. L'acide acétique du vinaigre formait avec le plomb de l'acétate de plomb qui était transformé en carbonate de plomb par l'acide carbonique échappé du fumier. On peut chimiquement obtenir le même résultat dans un laboratoire.

Depuis on a préparé le blanc de plomb par précipitation. C'est le procédé dit de Clichy. Le blanc ainsi fabriqué n'est pas complètement privé de son eau d'interposition et il couvre moins. Actuellement le blanc que l'on emploie se fait par des procédés à peu près similaires qui sont le secret des fabricants; mais ceux-ci n'ont pour but que de produire au meilleur marché possible pour tuer la concurrence et ils sont arrivés ainsi à monopoliser la production en quelques fabriques, de sorte que l'artiste doit se contenter du blanc sans consistance qu'on lui donne; on n'en trouve plus d'autre. Il en est de même du reste pour les autres couleurs, les grandes fabriques ont dévoré l'industrie privée ; et pour obtenir maintenant des couleurs convenables à la peinture artistique, il faudrait ou que les peintres les fissent eux-mêmes, ce qui serait impossible, ou qu'ils s'entendissent pour se faire fabriquer des produits spécialement à leur usage, ce qui, nous l'espérons, sera bientôt réalisable.

Le carbonate de plomb, par les vapeurs d'hydrogène sulfuré souvent répandues dans l'atmosphère, forme du sulfure de plomb qui est noir. C'est ainsi que certaines gouaches et certains crayons blancs, faits de carbonate de plomb, deviennent d'un ton gris plus ou moins sombre. On peut, en les humectant d'eau oxygénée, les faire revenir à leur blancheur primitive parce qu'alors le sulfure noir de plomb se transforme en sulfate qui est blanc. Mais dans la peinture, quand pareil accident est arrivé, le remède n'est plus efficace, parce que la présence de l'huile et des vernis est un obstacle à cette transformation.

Néanmoins le blanc de plomb ou blanc d'argent reste, pour l'instant, nécessaire dans la peinture à l'huile ; car il est le seul qui couvre.

Il doit être banni de tous les procédés encaustiques ou autres, qui ont besoin des secours du feu parce qu'il se décompose à la chaleur quand on dépasse 100 à 120 degrés. Il ne faut pas non plus le faire entrer dans des combinaisons qui peuvent contenir du soufre qui le ferait noircir, ou de l'acide acétique qui le décompose : comme par exemple dans

16.

une détrempe où on emploierait la colle forte liquide à froid, pour n'avoir pas l'ennui du bain-marie.

Le blanc de zinc

(Oxyde de zinc)

Le blanc de zinc est obtenu par les vapeurs du zinc oxydées par un courant d'air.

Il n'est pas altérable comme le blanc de plomb ; mais il n'acquiert pas avec l'huile la même solidité, il reste plus cassant, s'effrite plus facilement et ne couvre pas autant. Cependant on peut lui donner plus de corps en comprimant fortement la poudre d'oxyde de zinc par la presse hydraulique, avant de la broyer, ou bien en broyant préalablement cette poudre à l'eau pour en former ensuite des pains que l'on met sécher à l'étuve. Le blanc de zinc peut être utilisé dans tous les genres de peinture : il est indispensable de l'allier au vermillon, à l'exclusion du blanc de plomb, comme aussi au cadmium, si l'on a quelque crainte sur la fabrication de celui-ci.

En somme, il est excellent et d'un emploi très agréable toutes les fois que, se servant beaucoup du blanc du subjectile comme lumière, on n'a pas besoin de forts empâtements.

Les blancs de craie de Bougival, de Meudon,
d'Espagne, de Troyes, etc.

(Carbonate de chaux).

Tous ces blancs sont solides employés à l'eau,
mais, à l'huile, ils deviennent gris, transparents et ne
sèchent jamais à fond : il ne faut donc pas les employer, même à l'aquarelle, en détrempe, gouache
ou autre peinture, si cette peinture est destinée à
être vernie ou reprise à l'huile.

Comme le carbonate de plomb, ils ne supportent
pas une forte chaleur et, comme lui, sont décomposés par l'acide acétique.

Les terres, les ocres et les mars
la laque de fer.

Toutes ces couleurs, qui sont de l'oxyde de fer
plus ou moins calciné, naturellement fixé sur de
l'argile ou artificiellement sur de l'alumine, sont parfaitement solides ; mais la liste en est difficile à établir, car on trouve des terres colorées tous les jours.
Voici cependant celles de ces couleurs qui sont le
plus répandues.

Il va sans dire que c'est sous condition expresse
qu'elles seront préalablement vérifiées, que nous
disons que ces couleurs sont bonnes ; car il ne suffit
pas qu'elles portent les noms qui vont suivre, faut-il

encore qu'elles soient ce qu'elles doivent être, c'est-
à-dire de l'oxyde de fer.

Terre d'Italie.	Rouge de Nuremberg.
Terre de Sienne naturelle et brûlée.	Rouge indien.
	Colcotar.
Terre rouge.	Brun Van Dyck.
Terra rosa.	Brun rouge.
Ocre jaune.	Jaune de Mars.
Ocre de ru.	Orangé de Mars.
Ocre rouge.	Rouge de Mars.
Rouge de Prusse.	Violet de Mars.
Rouge de Venise.	Brun de Mars.
Rouge d'Anvers.	Laque de fer.

Il est bien entendu que cette liste ne peut pas être
complète. On présente l'oxyde de fer et on le pré-
sentera sous beaucoup d'autres étiquettes, jusqu'à
ce que les artistes aient exigé qu'on lui donne simplement son véritable nom.

Les couleurs jaunes et orange.

Nous avons mis à part les terres, les ocres et les
mars qui sont jaunes, rouges et bruns, parce que
ces matières forment une catégorie bien distincte;
mais pour toutes les autres matières colorantes dont
les formules chimiques sont différentes, nous les clas-
serons selon leur couleur, afin qu'il soit plus facile
de les retrouver; en faisant observer toutefois qu'ici
encore il nous est impossible de donner la liste complète des nombreux noms de fantaisie qui couvrent
les prospectus des industriels.

Nous ne les connaissons pas tous d'abord, et avant que ce livre ne soit imprimé, il en aura déjà surgi beaucoup d'autres encore. Nous nous bornons aux plus connus.

Le plomb, par ses combinaisons avec d'autres corps, fournit beaucoup de couleurs jaunes plus ou moins mauvaises. Ce sont :

Certains jaunes de nuance citron (iodure de plomb).
Jaunes de chrome (chromate de plomb).
Orpiment (arsenic de plomb) obtenu aussi par le sulfure d'arsenic.
Jaune minéral (oxy-chlorure de plomb surbasique).

Minium,
Mine orange, } protoxyde et bioxyde de plomb.
Rouge de Saturne,

Jaune paille,
Turbith minéral, } sous-sulfate de plomb.

Toutes ces couleurs noircissent ou décomposent les combinaisons métalliques auxquelles on les associe.

Sont aussi mauvaises :

Jaune d'outremer (chromate de baryte).

Certains jaunes genre chrome faits avec du chromate de chaux et tous les mélanges qui portent des noms pompeux :

Jaune de Naples vert.
Jaune brillant.
Jaune bouton-d'or, etc.

Mauvais aussi les jaunes végétaux :

> Jaune safran.
> Gomme-gutte du Cambodge.

Et toutes les laques jaunes qui passent à la lumière et sont attirées par certains composés métalliques :

> Laque de gaude.
> Laque jaune.
> Stil de grain.
> Laque jaune doré.

Nous avons dit du jaune indien ce que nous avions à en dire : c'est une couleur assez solide, mais qui a besoin d'être tout particulièrement broyée pour ne pas être soluble à l'eau, attendu qu'elle fait par ses propriétés alcalines un savon avec l'huile. Comme on peut très bien s'en passer, attendu qu'avec la laque de fer et les cadmiums on la remplace admirablement, nous jugeons toujours plus prudent de ne pas s'en servir. Le jaune de Naples (antimoniate de plomb) et le jaune d'antimoine (antimoniate de plomb et silicate de chaux) sont deux couleurs solides, mais bien rarement pures et très souvent mal fabriquées : aussi, comme elles ne sont pas très utiles, nous les avons exclues de la palette.

Voici maintenant les couleurs jaunes solides :

> Jaune de cadmium orange.
> Jaune de cadmium.
> Jaune de cadmium clair.   } sulfure de cadmium.
> Jaune de cadmium citron.

Avant de mélanger les nuances claires de cadmium au blanc de plomb, il sera utile de vérifier si elles ne le noircissent pas : ce qui arriverait si, étant mal fabriquées, elles contenaient un excès de soufre.

Donc sont bonnes à employer comme couleurs jaunes :

Jaune de strontiane (chromate de strontiane).
Les ocres, les terres, les mars, la laque de fer, le chromate de strontiane et les jaunes de cadmium.

La maison Lefranc et Cie fait actuellement un jaune d'un ton superbe qui peut rendre de grands services : cette couleur, qui est une combinaison d'acide phénique et de naphtaline, est parfaitement solide.

Les couleurs rouges.

Sont mauvaises :

Réalgar (sulfure d'arsenic ; noircit et décompose les couleurs métalliques).

Écarlate. }
Scarlet. } iodure de mercure, disparait à la lumière.

Passent également à la lumière toutes les laques obtenues par la cochenille :

Carmin,
Laque carminé ;

ou par la teinture de bois de Fernambouc, du Brésil, de Campêche, etc., qui sont présentées sous des

noms quelconques, ainsi que celles qui sont dues à
des teintures d'aniline :

> Géranium,
> Capucine, etc.

Les seules laques de garance sont relativement
solides.

Sont bonnes aussi :

> Le cinabre.
> Vermillon français, ⎫
> Vermillon de Chine, ⎭ sulfure de mercure,

en ayant soin de ne jamais les mélanger au blanc de
plomb ou d'argent, mais au blanc de zinc seulement.

Les couleurs rouges bonnes à employer sont donc
toutes les terres, les ocres et les mars, le vermillon,
les laques de garance.

Les couleurs bleues.

Sont mauvaises :

Bleu de montagne (carbonate de cuivre).
Bleu de Berlin.
Bleu de Prusse.
Bleu de Turnbull. ⎫ Combinaisons différentes se rattachant à la
Bleu d'Anvers.   ⎬ formule : Cyanure ferroso-ferrique.
Bleu céleste.   ⎭
Bleu turquoise.
Bleu minéral.

Tous ces bleus qui ont une même origine sont
décomposés par la plupart des oxydes métalliques

et disparaissent à la lumière ; quelques-uns cependant reviennent à l'ombre (c'est un excès de modestie).

Encore mauvais :

Indigo (substance végétale qui noircit et verdit avec les corps gras).

Ne sont pas mauvaises mais inutiles, pouvant être remplacées et se broyant mal :

Bleu de Pompéi (double silicate de cuivre et de chaux).
Bleu d'azur,
Bleu de smalt.
Bleu de Saxe. } silicate double de potasse et de cobalt.
Bleu d'empois.
Bleu de safre,
Bleu d'émail (connu des anciens sous le nom de frite d'Alexandrie).

Sont bonnes :

Bleu de cobalt,
Cobalt de Dresde } Combinaison d'alumine et d'oxyde de cobalt obtenue à une haute température.

Outremer } Combinaison de silicate d'alumine, de silicate de soude et de sulfure de sodium.

En somme, les couleurs bleues bonnes à employer se réduisent à deux, qui sont du reste bien suffisantes ; le cobalt et l'outremer.

Les couleurs vertes.

Les mauvaises sont :

Vert de Prusse (sel double de cyanure de fer et de cobalt ; passe au gris-rouge à la lumière).

17

Vert-de-gris ou verdet (acétate de cuivre).

Vert de Scheele,
Vert minéral, } arsénite de cuivre.

Vert anglais,
Vert milory,
Cinabre vert. } mélanges de jaune de chrome et de bleu de Prusse.

Laque verte (mélange de laque de gaude et de bleu de Prusse).
Vert de Schweinfurt (arsénite de cuivre et acétate de cuivre).
Vert de milis ou de Vienne (arséniate de cuivre).

Sont aussi mauvais, pour leur peu de solidité, les verts végétaux comme le vert de vessie, qui est une laque faite avec la teinture de nerprun, et le vert d'iris.

La terre verte n'est pas non plus recommandée : elle ne couvre pas.

Quant au vert-malachite, ou vert de montagne, ou vert de Brême ou vert de Hongrie, il est très rare et très difficile à broyer : on l'imite très bien sous le nom de vert de Brunswick. Le véritable vert-malachite est solide, mais toutes les imitations qu'on en fait ne le sont pas.

Le vert Véronèse est un arséniate de cuivre d'une fabrication particulière ; il peut être employé à condition qu'on le laisse seul et qu'on le recouvre avec soin de vernis pour éviter tout contact avec les autres couleurs.

Les couleurs vertes qui sont vraiment bonnes sont :

Vert de cobalt (oxyde de cobalt et oxyde de zinc).
Vert-émeraude (oxyde de chrome).

Les couleurs violettes.

Sont mauvaises :

Toutes les couleurs violettes obtenues par l'aniline, telles que :

Violet Magenta,
Violet Solférino, etc.

Sont mauvaises aussi :

Le violet végétal obtenu par la teinture de bois de Campêche mélangée aux sels de plomb, et les violets dérivés de la cochenille.

On fait maintenant de l'outremer violet, qui est solide autant que l'outremer, mais couvre peu et auquel nous préférons pour cette raison le violet de cobalt (phosphate de cobalt et silicate de cobalt) et surtout le violet minéral (phosphate de manganèse). Cette dernière couleur, très solide et couvrant beaucoup, est surtout absolument utile ; elle se fait de deux nuances différentes, également bonnes.

Donc, pour les couleurs violettes, on devra employer de préférence le violet de cobalt, le violet minéral et le violet de Mars.

Les couleurs brunes.

Parmi les couleurs brunes, mauvaise est d'abord, et avant tout, le bitume, qui passe à la lumière, se fond à la chaleur, fait gercer la peinture, coule et compromet l'existence de tous les tableaux dans lesquels on l'introduit.

Vient ensuite la terre de Cologne, qui n'est que du bois en état de décomposition.

Sont aussi mauvaises la terre de Cassel, le brun de chicorée et la terre d'ombre naturelle ou brûlée (bioxyde de manganèse). Cette couleur est envahissante et noircit tous les tons dans lesquels on la mélange ou qu'on lui superpose.

Le brun de Prusse (bleu de Prusse calciné) est complètement inutile, pouvant être avantageusement remplacé par le brun de Mars, qui est excellent comme brun couvrant.

Le faux bitume, dont nous avons parlé et que nous avons l'honneur de présenter aux artistes sous le nom de *brun Vibert*, donnera un excellent brun transparent, ayant toutes les qualités qu'on demande au bitume sans en avoir les défauts. Cette couleur, d'une absolue solidité, est un mélange de charbon et d'oxyde de fer fixé sur l'alumine. On devra donc, pour les couleurs brunes, se borner à l'emploi du brun de Mars et du *brun Vibert*. Quant aux noirs, nous l'avons dit, ils sont tous bons, excepté ceux qui contiennent des goudrons.

VÉRIFICATION DES COULEURS

On ne peut analyser complètement les couleurs sans être chimiste et sans avoir les réactifs dont on dispose dans les laboratoires. Mais avec les seules substances qu'on a toujours sous la main, dans sa cuisine ou dans son atelier, on peut vérifier si elles sont pures et se rendre compte des principales falsifications qu'on leur fait subir. Voici la liste des matières et des objets qui sont nécessaires. Ils ne sont ni nombreux, ni coûteux, ni difficiles à se procurer :

Vinaigre fort.

Sel de cuisine (en solution saturée .

Eau de cuivre. (On peut la faire soi-même en achetant chez l'épicier de l'acide oxalique en poudre dont on fait une solution saturée dans l'eau.

Eau-forte. Composée d'une partie d'acide nitrique contre cinq parties d'eau.

Cristaux de soude (en solution saturée'.

Une lampe à esprit-de-vin.

Quelques petits vases et entonnoirs en verre, des filtres en papier, une cuiller en fer non étamée.

La couleur que l'on veut analyser doit d'abord être remise en poudre; si elle est à l'huile, il faudra donc la délayer d'abord dans un verre rempli de benzine et laisser déposer, décanter le liquide et recommencer avec de la benzine nouvelle, et cela plusieurs fois de suite jusqu'à ce que toute l'huile soit partie et que la poudre qui reste soit bien dégraissée : on mettra alors celle-ci sécher sur du papier buvard[1].

---

1. Nous insistons sur le dégraissage complet de la couleur, parce que dans les réactions obtenues par le feu toute trace d'huile donnerait lieu à des fumées qui pourraient induire en erreur.

Si la couleur à analyser est à l'aquarelle, on fera les mêmes opérations avec de l'eau pour enlever les gommes, le miel, la glycérine, etc. Dans aucun cas le liquide surnageant ne doit rester coloré, ce qui indiquerait la présence de certaines couleurs d'aniline[1].

Il est donc bien entendu que, dans toutes les opérations qui vont suivre, nous traitons les couleurs à l'état de poudres sèches et parfaitement dégraissées.

Blanc de plomb ou blanc d'argent
(Carbonate de plomb).

Mettez dans un verre une petite quantité de blanc et versez par-dessus de l'eau-forte environ six fois plus. Si le blanc est pur, il doit se dissoudre entièrement avec effervescence : un résidu insoluble indiquerait la présence du sulfate de baryte. A cette solution ajoutez un excès de sel de cuisine en solution, il se formera un précipité blanc qui est le plomb. Filtrez, et dans le liquide qui a passé clair ajoutez une solution de cristaux de soude jusqu'à fin de bouillonnement. S'il se forme un précipité blanc, c'est que le blanc contenait de l'oxyde de zinc ou du carbonate de chaux.

---

1. Quelquefois les couleurs sont broyées si fin, comme l'outremer par exemple, que l'eau reste colorée assez longtemps, il faut avoir la patience d'attendre dans ce cas que le dépôt se soit formé.

Blanc de zinc

(Oxyde de zinc).

L'oxyde de zinc doit se dissoudre dans le vinaigre : s'il reste un résidu blanc très pesant et tombant de suite au fond du verre, c'est que le blanc contient du sulfate de baryte. Quand l'oxyde de zinc est dissous dans le vinaigre, ajoutez la solution de sel (deux fois le volume de zinc), le liquide doit rester clair ; s'il se forme un précipité, il y a du carbonate de plomb. Reprenez de la solution claire d'oxyde de zinc dans le vinaigre, étendez-la de quinze fois son volume d'eau et ajoutez de l'eau de cuivre, environ le même volume qu'il y avait de zinc : le liquide doit encore rester clair ; s'il y a précipité, c'est que le blanc contenait du carbonate de chaux.

Jaune de strontiane. Chromate de strontiane.

Mettez le chromate de strontiane dans un verre avec dix fois son volume d'eau-forte : il doit se dissoudre entièrement. La solution est orangée lorsqu'on y ajoute la solution de sel ; s'il se précipite un résidu jaune, ce serait du jaune de chrome.

Jaune de cadmium

(Sulfure de cadmium).

Mettez le sulfure de cadmium dans un verre avec

quatre fois son volume d'acide nitrique : il doit se dissoudre, la solution est laiteuse et il reste une certaine quantité de soufre qui surnage. Si la solution est gris plus ou moins foncé, et qu'après dépôt, la liqueur éclaircie soit colorée en bleu verdâtre, c'est que le sulfure de cadmium contenait du chromate de plomb ; si le résidu est rouge intense, c'est qu'il contenait du vermillon.

Le vermillon

(Sulfure de mercure).

Chauffé dans une cuiller de fer, le sulfure de mercure doit se volatiliser complètement. S'il reste un résidu, c'est qu'il n'est pas pur. Mis à bouillir dans l'eau et filtré bouillant, le liquide clair ne doit pas laisser précipiter de poudre rouge par refroidissement : cette poudre serait de l'iodure de mercure.

Laques de garance

Les laques de garance bouillies avec une faible solution de cristaux de soude donnent une coloration rouge, la laque de cochenille donnerait une coloration violette. La solution de cristaux de soude doit être faite avec trente fois autant d'eau que de laque et quantité de cristaux égale à la laque.

Les laques mises en présence de l'alcool et qui colorent celui-ci contiennent de l'aniline. On peut aussi essayer si elles résistent à la lumière.

Outremer

L'outremer doit se dissoudre à froid dans dix fois son volume d'eau de cuivre avec dégagement d'hydrogène sulfuré (odeur d'œuf pourri). La solution est gris laiteux. mais sans la moindre coloration bleue : s'il contenait du bleu de Prusse, la coloration bleue persisterait.

Chauffé dans la cuiller de fer, l'outremer en brûlant ne doit pas dégager de vapeurs ; s'il s'en produisait de belle couleur pourpre, c'est qu'il contiendrait de l'indigo : ces vapeurs ont une odeur forte et caractéristique. Cette falsification par l'indigo est très rare.

Cobalt

(Oxyde de cobalt).

Le cobalt mis dans un verre avec dix fois son volume d'eau de cuivre doit conserver le ton qu'il aurait dans l'eau pure ; faire bouillir et laisser reposer un instant, la liqueur surnageante doit être incolore. Si elle était bleue, ce serait l'indice de la présence du bleu de Prusse.

S'il se dégageait l'odeur d'œuf pourri, ce serait l'indice de l'outremer.

Le cobalt doit brûler dans la cuiller sans vapeurs, comme l'outremer.

Vert-émeraude

(Oxyde de chrome).

Faire bouillir le vert-émeraude avec de l'acide nitrique pur, il ne doit pas changer; ajouter de l'eau
et filtrer: le liquide doit être incolore. S'il est jaune,
c'est par la présence d'un chromate de strontium, de
plomb ou de zinc. Faire bouillir avec l'eau de cuivre
le vert-émeraude; après un léger repos, si le liquide
qui surnage est coloré en bleu, c'est qu'il contient
du bleu de Prusse; chauffé dans la cuiller, il ne doit
pas émettre de vapeurs; projeté sur la cuiller rougie
au feu, s'il dégage une fumée blanche sentant l'ail,
c'est qu'il contiendrait de l'arséniate de cuivre.

Vert de cobalt

(Oxyde de cobalt).

Comme le vert-émeraude, seulement il se dissout
entièrement dans l'eau-forte étendue d'eau et la solution en est rose clair s'il est pur. Sa solution sera
orange s'il contient des chromates, ou tout ne se dis-
soudra pas; le bleu de Prusse resterait en dessous
s'il y en avait.

Les noirs

Tous les noirs qui sont le produit de substances
animales ou végétales carbonisées, étant chauffés au

rouge pendant une heure dans la cuiller, laisseront
autant de cendres qu'il y avait de noir.

Les noirs de fumée laissent peu ou point de cendres.

Les terres, les ocres.

Ces couleurs ne sont pas falsifiées généralement,
elles ne contiennent que plus ou moins d'impuretés ;
la seule fourberie qu'on fasse, c'est de les enrichir de
ton par les teintures d'aniline : en les mettant dans
l'alcool on s'en apercevra de suite si l'alcool se colore.

NETTOYAGE

Pour nettoyer un tableau, la première chose à
faire est de le laver d'abord à l'eau tiède avec une
éponge douce pour enlever la poussière et les crasses
de charbon qui sont à la surface.

Ensuite, s'il est verni, on enlèvera le vernis au
doigt en lavant de temps en temps et en laissant
sécher avant de reprendre le dévernissage jusqu'à ce
qu'il ne se forme plus de poussière sous le doigt.
Alors on passera un peu d'essence de pétrole que
l'on essuiera avec un linge doux non plucheux : le
tableau est prêt pour être reverni à nouveau. Mais
si sous ce premier vernis retiré il y en a un autre
qui ne vienne pas au doigt, ou si ce premier vernis
lui-même ne s'attaquait pas par le frottement, il y
aurait tout lieu de supposer qu'on est en présence

d'un vernis à l'huile ou d'un vernis ordinaire sur lequel on aurait passé une matière grasse quelconque. Il faudrait alors le couvrir d'huile essentielle de pétrole et au bout de vingt-quatre heures mettre par-dessus cette huile essentielle une couche de craie fine en poudre que l'on fera tomber, à travers un tamis, sur le tableau placé horizontalement. Cette craie a pour but de boire le pétrole chargé des matières graisseuses. Vingt-quatre heures après cette opération, on lavera avec de l'eau tiède pour enlever la craie et ensuite avec une eau de savon légère pour finir de dégraisser.

Si ces moyens ne suffisent pas, on emploiera pour laver de l'acétone coupé d'eau, mais avec prudence et en essayant d'abord sur un petit coin pour voir l'effet que l'on obtient.

Après chaque lavage, on essaiera toujours de dévernir au doigt; si cependant le vernis persiste à ne pas venir, c'est qu'on est vraiment en présence d'un vernis à l'huile. Dans ce cas, il serait dangereux de chercher à l'enlever complètement, il faudrait employer l'alcool ou la benzine qui attaqueraient la peinture. Il faut se contenter d'en retirer la superficie avec l'acétone coupé d'eau et au chiffon de soie en ne prenant qu'une petite partie à la fois; ou bien encore avec de l'huile d'œuf coupée avec le liquide dissolvant du fixatif à aquarelle. Mais si, sous ce vernis qu'on ne veut pas enlever tout à fait, le tableau semble très sale, c'est qu'alors ce vernis aurait été appliqué sur des couches de crasses anciennes, ce qui arrive bien souvent. Alors, que faire? Alors il faut l'enlever; mais il y a chance d'abîmer le tableau et le mieux est de confier ce soin à un restaurateur qui ne fera pas autre chose que ce que vous feriez vous-même, mais qui le fera avec plus d'habileté. En tous cas, c'est toujours une opération hasardeuse.

Pour enlever la couleur à l'huile séchée sur un tableau soit en partie, soit en totalité, on se servira d'un chiffon imbibé de benzine ou bien d'un grattoir. Sur un panneau brut ce dernier moyen est bon; mais sur les enduits ou le papier, la benzine est préférable : avec elle, on ne risque pas de faire des trous ou des raies.

VERNISSAGE

Avant de vernir un tableau, il faut toujours le laver à l'eau tiède comme il a été dit ci-dessus et attendre qu'il soit bien sec. Ensuite on le placera horizontalement; on passera une première couche d'essence de pétrole et immédiatement après la couche de vernis à tableau, en promenant la brosse queue-de-morue aller et retour de gauche à droite et de droite à gauche, jusqu'à ce que tout le tableau soit couvert de vernis, et ensuite dans l'autre sens de haut en bas et de bas en haut, de façon que le passage de la brosse ait été partout croisé; au bout d'une heure on pourra redresser le tableau, et après deux heures, le vernis sera assez sec pour ne plus craindre que la poussière s'y attache, ce qui n'a pas lieu avec les vernis à l'essence qui poissent pendant plusieurs jours quelquefois.

On doit choisir de préférence pour vernir un temps sec et toujours opérer dans une pièce chauffée au moins à 20 degrés. On devra naturellement aussi éviter la poussière pendant les deux [heures nécessaires au séchage.

Toutes les fois que pour une cause quelconque on lave un tableau à l'eau, il ne faut jamais le laisser mouillé, mais bien le tamponner avec un chiffon de soie pour que l'humidité ne le pénètre pas.

LE FIXATIF POUR L'AQUARELLE ET LE LIQUIDE DISSOLVANT

Le liquide dissolvant qui se vend avec le fixatif a pour but de liquéfier celui-ci quand on le trouve trop épais. Il sert aussi à enlever le fixatif quand on veut défixer et à laver le pinceau après le fixage.

Manière de fixer.

Lorsqu'on veut fixer une aquarelle, il faut la mettre à plat et passer dessus avec un pinceau plat ou une brosse douce une couche ou deux de liquide dissolvant. Le papier se trouvant ainsi bien imbibé, le fixatif sera mieux réparti sur toute la surface et pénétrera mieux dans l'intérieur. Avant que le liquide dissolvant ne soit évaporé, on mettra de suite la couche de fixatif avec le même pinceau ou la même brosse, en passant d'abord dans un sens et en croisant ensuite dans l'autre sens comme si on vernissait.

On laissera sécher à l'air et au bout de quelques minutes ou d'un quart d'heure, selon la température, le liquide étant évaporé, l'aquarelle sera fixée suffisamment pour qu'on puisse passer de nouvelles teintes sans détremper celles de dessous ; si on désirait un fixage plus complet qui permette de laver l'aquarelle à grande eau, il faudrait mettre une seconde couche de fixatif, mais sans la faire précéder cette fois d'une couche de liquide dissolvant. Du reste, la nécessité de cette seconde couche se fait plus ou moins sentir selon que l'on a employé le fixatif plus ou moins épais ou que le papier est plus ou moins encollé.

On peut ne fixer qu'un morceau pendant le cours du travail, par exemple une partie déjà modelée que l'on veut glacer à son aise, sans crainte de détremper le dessous, ou, au contraire, une teinte plate sur laquelle on veut pouvoir modeler sans détruire le ton local du dessous.

Manière de défixer.

Pour retirer le fixatif, il faut passer dessus une couche de liquide dissolvant et éponger de suite avec un linge ou un papier buvard sans frotter, pour ne pas user la couleur sur les grains du papier ; on renouvellera l'opération jusqu'à ce que tout le fixatif soit parti, ce que l'on reconnaîtra en essayant sur un coin si la couleur se redétrempe bien à l'eau. Ce défixage est utile dans certains cas. D'abord, quoiqu'on puisse parfaitement repeindre sur le fixatif, on peut désirer retoucher en lavant pour accentuer des lumières et il faut bien que la couleur se détrempe; ensuite, il arrivera souvent qu'on n'aura employé le fixatif qu'à l'état provisoire comme moyen de travail.

Ainsi, étant satisfait d'une tête par exemple, on ne l'est pas du fond qui est derrière : on fixe alors avec un petit pinceau la tête seulement et on lave le fond tout autour ; mais pour refaire un autre fond et fondre les contours, il faut que la tête soit défixée : il en serait de même si au contraire on veut enlever la tête et conserver le fond, c'est celui-ci qu'on fixera et qu'on défixera ensuite quand la tête aura été lavée.

Lorsqu'on emploie le fixatif pour ces usages, il n'y a pas d'inconvénient à en mettre beaucoup, puisqu'il est destiné à être retiré.

Quelquefois aussi, il est très ennuyeux, tout le temps que l'on fait une aquarelle, de réserver des petits blancs comme les boutons brillants d'un pourpoint, les luisants d'une poignée d'épée, les dessins d'une étoffe, etc., et on les fait à la gouache après coup, mais ce moyen est trouvé méprisable par les purs aquarellistes : si donc ils veulent faire disparaître ces touches honteuses, ils n'auront qu'à les border de fixatif et, en lavant, ils retourneront le papier blanc parfaitement intact et les touches resteront absolument nettes.

On peut ainsi faire la neige qui tombe, et se servir de ce petit truc dans bien d'autres cas encore.

En somme, quand bien même on ne fixerait pas définitivement une aquarelle lorsqu'elle sera terminée, le fixatif peut toujours rendre service pour son exécution.

Aquarelles vernies.

Pour vernir une aquarelle, il faut d'abord la fixer, et pour savoir si une couche suffit, on mettra un peu de vernis dans un coin sur cette première couche : si le vernis ne pénètre pas dans le papier, cela est suffisant; si le vernis pénètre, on redonnera une seconde couche de fixatif, ainsi de suite jusqu'à ce que le vernis ne pénètre plus : alors on vernira comme pour un tableau à l'huile.

RÉPARATION DES PETITS ACCIDENTS JOURNALIERS

Toile bosselée. — Mouiller la toile par derrière à l'endroit de la bosse avec une éponge imbibée d'eau tiède et laisser sécher à une température moyenne.

Ampoules ou cloques. — Amollir l'ampoule en mettant dessus de l'huile essentielle de pétrole mélangée par moitié avec de l'essence de pétrole; ensuite, la percer à son sommet avec la pointe d'une aiguille et faire pénétrer par ce trou, à l'aide d'une petite seringue (dite compte-gouttes), un peu de vernis à tableau ; appuyer avec un chiffon pour aplatir l'ampoule et enlever en même temps l'excès de vernis qui ressortira ; et enfin mettre en presse sous un morceau de zinc ou de verre, dont les bords soient bien rodés, de façon qu'ils ne marquent pas. Il faut aussi avoir soin d'intercaler un morceau de papier enduit de colle de pâte entre le verre et l'ampoule, parce que le vernis qui peut encore en sortir collerait sur le verre qu'on ne pourrait plus retirer sans dégàt, tandis que le papier s'enlève ensuite avec un peu d'eau tiède.

Fendillements, crevasses, gerçures. — Lorsque la couleur est fendillée, ce qui arrive lorsqu'on repeint trop tôt, surtout en ton foncé sur un ton clair, il faut frotter un peu de vernis à retoucher et reboucher les fentes au couteau avec un mastic spécial que nous avons inventé à cet usage. (Voyez Mastic à reboucher, page 322.)

Toiles crevées. — Lorsqu'une toile est crevée, on a l'habitude de coller par derrière une petite pièce de toile fine imbibée de cire fondue toute chaude : c'est un très mauvais moyen. D'abord, la cire seule n'est pas à l'abri de l'humidité, et souvent ces raccords se pourrissent ; ensuite, la cire passe de l'autre côté de la toile par la crevasse, et comme il faut toujours repeindre pour dissimuler cette réparation, les repeints n'ont pas de solidité, la peinture à l'huile (comme nous l'avons dit) ne tenant pas sur la cire.

Il vaudrait mieux, avant de coller la pièce, mettre au couteau un peu d'enduit à la caséine et au blanc de zinc (Voyez page 311); cet enduit empêcherait la cire de traverser, et au lieu de cire pure fondue, employer un mélange de moitié cire et moitié résine dammar fondues ensemble au bain-marie. Il y aurait ainsi plus de chance d'éviter l'humidité.

Mais voici un autre moyen que nous croyons bien supérieur.

Le tableau devra être placé horizontalement sur un marbre ou une plaque de métal, la peinture en dessous, en intercalant une feuille de papier enduite d'huile essentielle de pétrole.

Les bords de la toile crevée seront rapprochés et les fils bien couchés à l'aide même d'un fer à repasser s'il en est besoin, en ayant soin de chauffer ce fer à l'eau bouillante seulement.

On enduira ensuite toute la partie abîmée avec de la colle de caséine selon la formule; quand l'humidité sera un peu évaporée et que cette colle commencera à poisser sous le doigt, on appliquera un morceau de papier mince, mais encollé, c'est-à-dire pas buvard, pour que la colle ne le transperce pas et on aplatira bien avec le fer à repasser, modérément chaud. Il ne faut pas qu'il reste aucune soufflure. Tout ceci étant sec, on mettra de nouveau de la colle sur le papier et on appliquera une pièce de toile fine un peu moins grande que le papier, parce que la toile ne collerait pas bien sur l'autre toile. On aplatira au fer chaud comme la première fois, et le tout étant bien sec, on passera une ou plusieurs couches successives de vernis à retoucher, en laissant sécher chaque couche avant de remettre la suivante. Le vernis doit dépasser les bords du papier et mordre sur la vieille toile de façon, que les bords des pièces de toile et de papier soient bien garantis et n'aient pas tendance à se soulever si quelque chose les accroche.

Quand la dernière couche de vernis sera sèche, on retournera le tableau pour le placer verticalement. Si, par hasard, le papier enduit d'huile essentielle de pétrole qu'on avait intercalé entre la table et le tableau se trouvait collé, on le décollerait avec un peu d'eau tiède. Il ne restera plus qu'à boucher les traces de la crevasse avec le mastic à reboucher (Voyez page 322) ou avec un peu de blanc de zinc et de la colle de caséine. On peut même faire un mastic avec la colle de caséine et de la poudre de couleur dans le ton que l'on désire.

Si c'est un mastic à la caséine que l'on a employé, on passera du vernis à peindre par-dessus et on laissera sécher avant de repeindre.

PANNEAUX EN BOIS BRUT

Choisir le grisard ou peuplier de Hollande, parce que les pores en sont ouverts et le grain régulier. Le chêne et l'acajou ont des veines plus dures les unes que les autres, par conséquent l'huile des couleurs s'absorbe plus dans les veines tendres que dans les dures et il s'ensuit un désaccord dans la peinture qui se reproduit de couche en couche jusqu'à la fin.

Le panneau doit être passé au papier de verre 00 et le dernier ponçage doit se faire en imbibant le papier de verre d'huile essentielle de pétrole. Par ce moyen, on évitera les rayures, le pétrole s'évapore et le panneau reste uni sans avoir perdu ni son grain, ni sa porosité.

Le panneau devra être parqueté et gardé en lieu sec jusqu'à ce qu'il ait fait son jeu : environ un centimètre de rétrécissement par mètre. A ce moment seulement, on enduira le derrière du panneau avec son parquetage d'une couche épaisse d'huile de lin coupée de moitié vernis à retoucher sans siccatif et, quand cette couche sera sèche, d'une autre couche de vernis à tableau. On peindra la tranche à plusieurs couches de blanc de plomb en passant au papier de verre entre chaque couche et en mêlant toujours du vernis à peindre à la couleur avec un peu de siccatif. Ces précautions ont pour but de préserver le panneau des attaques de l'humidité et des vers.

COLLE DE CASÉINE (OU AU FROMAGE

Prenez caséine du commerce, 20 grammes, que vous mettez tremper dans 100 grammes d'eau froide pendant un quart d'heure en remuant bien avec une spatule ou un bâton en bois, verre ou corne, mais pas en métal, pour bien détremper la caséine.

Versez ensuite 4 grammes d'ammoniaque petit à petit, toujours en tournant. Le mélange épaissit peu à peu et la colle est faite quand elle file au bout de la spatule en sirop épais sans grumeaux. On y ajoute alors 10 grammes de glycérine, que l'on mêle bien en tournant, et l'on passe à travers de la mousseline ou un tamis fin. Dans cet état, la colle peut être employée de suite. Au bout d'un jour elle est encore bonne, mais elle perd ensuite de sa force et finit par se gâter.

Si l'on n'a pas de caséine et que l'on veuille employer le fromage, on agira ainsi.

Fromage blanc (dit fromage à la pie), 100 grammes, dans lequel on versera 4 grammes d'ammoniaque en tournant jusqu'à ce que le fromage soit transformé en colle. On y ajoutera ensuite 10 grammes de glycérine. Il est toujours préférable de prendre de la caséine, parce que le fromage étant plus ou moins égoutté, on ne sait jamais au juste la proportion de caséine. Voici le moyen de la retirer soi-même du fromage.

Mettez 100 grammes de fromage blanc dans une mousseline et triturez-le ainsi enfermé dans de l'eau chaude pour en extraire toutes les parties aqueuses, étendez-le ensuite sur du papier buvard et laissez-le sécher naturellement à l'étuve, mais au-dessous de 80 degrés. La caséine ainsi obtenue doit être environ dans la proportion de 12 grammes pour 100 grammes de fromage employé.

Enduits à la colle de caséine et blanc de zinc.

Broyez du blanc de zinc avec de l'eau dans la proportion de 100 grammes d'eau pour 100 grammes de zinc. Cette pâte doit être tenue au frais avec un linge mouillé sur le vase, pour qu'elle ne se sèche pas. Le panneau de bois que l'on veut enduire étant bien uni avec le papier de verre 00, il faut le laver avec un chiffon bien propre et de la benzine pour enlever toute trace de matières grasses ou résineuses sur lesquelles la colle ne tiendrait pas.

Quand la benzine est bien évaporée, donnez, avec une brosse dite queue-de-morue, une première couche composée de colle de caséine selon la formule :

        Colle de caséine. . . . . 70 grammes.
        Blanc de zinc broyé à l'eau. . . .   5   —

Laissez sécher à une température douce. Sous l'influence de l'eau que contient la colle, les pores du bois s'ouvriront et se soulèveront pour former autant de petits grappins qui faciliteront l'adhérence des couches suivantes. On doit bien se garder, lorsque cette première couche est sèche, de poncer ou de polir, afin de bien laisser au bois toute la rugosité qu'il aura prise.

Donnez une deuxième couche composée de :

        Colle de caséine . . . . 60 grammes.
        Blanc de zinc broyé à l'eau. . . . 20   —

Laissez sécher naturellement, ou pour aller plus vite soit au soleil tamisé par une gaze, soit dans une chambre à 25 degrés au plus, pour ne pas faire gondoler le panneau ou le faire fendre. Ne pas encore poncer, ni polir parce que les pores du bois soulevés ne sont pas encore noyés dans l'enduit et qu'ils pourront maintenir la couche suivante.

Donnez une troisième couche composée de :

> Colle de caséine. . . . . 50 grammes.
> Blanc de zinc broyé à l'eau. . . . 30   —

Faites sécher comme pour la couche précédente et poncez avec un morceau de drap plié et de la pierre ponce en poudre à sec. S'il restait quelques trous résultant d'un accident, vous les boucherez en passant de petites couches partielles que vous repasserez à la poudre de pierre ponce pour les niveler.

Dans ces conditions, l'enduit est suffisamment épais pour bien boucher les pores du bois, mais les veines s'aperçoivent encore et l'enduit n'est pas absolument blanc, surtout si le bois est coloré de sa nature.

Si l'on désire une blancheur éclatante, on redoublera la troisième couche ; on peut même la tripler, mais toujours en laissant sécher et en ponçant entre chaque couche.

Lorsque l'on sera satisfait de la blancheur de l'enduit, on donnera une dernière couche composée de :

> Colle de caséine.. . . . . 40 grammes.
> Blanc de zinc broyé à l'eau. . . . 40   —

Cette dernière couche doit être passée bien régulièrement de façon à ne pas avoir besoin de la poncer, ce qui donne toujours un poli désagréable sur
lequel la peinture prend moins bien.

Toutes les couches doivent être données grasse-
ment, c'est-à-dire que la brosse soit bien chargée de
matière. Comme selon la température l'eau de la
colle s'évapore plus ou moins vite, si celle-ci devenait trop épaisse, on rajouterait un peu d'eau. En
somme, il faut toujours que l'enduit liquide file au
bout de la brosse sans interruption quand on la soulève au-dessus du vase.

La toile devra être tendue sur un châssis, dégraissée à la benzine et encollée avec la couche n° 1
comme le panneau ; seulement, on passera la toile au
papier de verre 00 après la première couche parce
que le grain de la toile donnera toujours une adhérence suffisante et qu'il faut se débarrasser de suite
des pailles, des fils et des nœuds qui s'engorgeraient
aux couches suivantes :

2° La couche n° 2 ;

3° La couche n° 3, que l'on doublera ou triplera
selon l'épaisseur de la toile et selon que l'on voudra
conserver plus ou moins de grain, passer à la pierre
ponce en poudre avec le drap ;

4° La couche n° 4, sans polir.

SARCOCOLLE

Sarcocolle, 50 grammes.

Traitée par l'alcool à 96 degrés bouillant jusqu'à épuisement. L'alcool distillé laisse un résidu rouge, mou, ayant l'aspect d'une térébenthine. Ce résidu contient encore beaucoup d'alcool et il est desséché à l'étuve de 70 à 80 degrés avec beaucoup de difficulté : c'est la sarcocolline, qui représente 35 grammes.

Sarcocolline.

La sarcocolline est soluble à l'eau, à part une très faible partie qui se dissout dans l'éther sulfurique. Cette solution aqueuse traitée par une solution d'acétate de plomb, il se forme un précipité peu abondant, qui est séparé par le filtre, et la liqueur est traitée par S. Pour éliminer le plomb, cette liqueur filtrée est évaporée jusqu'à siccité, et l'on obtient ainsi un produit très peu coloré, mais ayant conservé toutes les propriétés de la sarcocolline.

C'est un glucoside dans lequel une résine est combinée aux éléments d'un glucose.

L'alun et l'acétate d'alumine diminuent sensiblement sa solubilité, sans la rendre complètement insoluble. Dans la pratique, on peut se contenter de mettre la sarcocolle en solution dans l'alcool bouillant. On filtre la liqueur refroidie et on peut la décolorer en la laissant quelque temps en contact avec du noir d'os exposée à la grande lumière, on filtre à nouveau et on conserve cette solution en bouteille bien bouchée qu'on laisse au grand jour.

GÉLATINE

Pour rendre la gélatine liquide, c'est-à-dire l'empêcher de se prendre en gelée en refroidissant, dissoudre la gélatine blanche dans son poids du liquide suivant :

```
Acide acétique coupé de moitié eau. . . . . . . . . .  3 4
Alcool à 95° . . . . . . . . . . . . . . . . . . . .   1 4
Ajouter un peu d'alun.
```

Pour rendre la gélatine souple, on ajoute un peu de glycérine, en quantité différente selon le degré de souplesse que l'on veut obtenir.

Pour donner plus de force à la gélatine, on peut lui adjoindre de la gomme laque, soit en solution alcoolique, soit en solution dans l'eau et le borax. (Voyez page 348.)

La gélatine mêlée avec de l'huile de lin et notre vernis à tableau fait une émulsion qui, broyée avec le blanc de zinc ou de plomb, fait des enduits séchant lentement, mais d'une solidité étonnante ; nous ne les conseillons pas pour peindre par-dessus, leur préférant l'enduit à la colle de caséine, mais, dans certains cas, ils peuvent avoir leur utilité.

Pour rendre la gélatine insoluble, il suffit de lui adjoindre en la fondant une partie d'acide chromique pour cinq parties de gélatine ou bien de bichromate de potasse, et de laisser ensuite sécher à la grande lumière ; mais, dans ces conditions, la gélatine est considérablement jaunie.

Quand on désire conserver la gélatine incolore et liquide tout en la rendant insoluble, nous préférons le moyen suivant :

Gélatine. 1	
Eau. 10	fondus ensemble au bain-marie.
Acide acétique. . . 3	
Acétate d'alumine. 3	

Ajouter un peu d'alcool quand le tout est fondu.

Toutes les fois que la gélatine contient de l'acide acétique, avoir soin de ne pas la mélanger avec les couleurs qui sont des carbonates.

COLLE D'AMIDON OU DE FARINE

Il faut mettre l'amidon ou la farine dans l'eau froide et délayer parfaitement ; quand l'amidon ou la farine ne formeront plus de grumeaux, on mettra sur le feu, toujours en tournant, et on retirera après quelques bouillons.

La colle d'amidon avec de la gélatine et de la térébenthine (résine) fait une très bonne colle qui sèche promptement.

Faire bouillir dans l'eau :

Amidon.	100 grammes.
Gélatine.	50 grammes.
Térébenthine.	50 grammes.

ALBUMINE

L'albumine se dissout dans l'alcool, dans l'eau et dans la glycérine : la colle qu'on en obtient peut se mêler à la gomme laque comme la gélatine et, comme elle, devient insoluble par l'acétate d'alumine.

Elle devient aussi insoluble lorsqu'on la chauffe au-dessus de 100 degrés, alors qu'elle est encore humide.

DEXTRINE

On peut obtenir de la dextrine soi-même par le moyen suivant :

Amidon en aiguilles.	100 grammes.
Eau — —	40 grammes.
Acide azotique.	40 décigrammes.

Faire une pâte, la laisser sécher à l'air libre, la chauffer ensuite à l'étuve pendant une heure à la température de 120 degrés.

GOMME LAQUE

La gomme laque brune se dissout dans l'alcool, ainsi que la blanche à froid ou au bain-marie.

La gomme laque brune se dissout dans l'ammoniaque à froid après cinq semaines de digestion ; pour la gomme laque blanche, il faut environ deux ou trois mois.

La gomme laque se dissout aussi dans l'eau par l'intermédiaire du borax :

Gomme laque. . . . . 60 grammes.
Borax. . . . . 10 grammes.
Eau distillée . . . . 500 grammes.

Par une très longue ébullition, toute la gomme laque arrive à se dissoudre.

Filtré ensuite et évaporé en consistance sirupeuse, ce liquide est assez coloré.

On peut le décolorer à l'aide de l'eau oxygénée en grande quantité.

VERNIS A L'EAU

On peut faire des vernis à l'eau, que l'on a la faculté d'enlever ensuite facilement avec une éponge et de l'eau tiède.

Vernis à la gomme.

Eau saturée de borax.

Gomme du Sénégal en quantité suffisante selon l'épaisseur que l'on veut donner au vernis. sucre 1/8e de la gomme, le tout fondu à froid et passé à travers une mousseline.

Vernis à l'œuf.

Battez des blancs d'œufs en neige avec un demi-morceau de sucre réduit en poudre pour chaque blanc d'œuf. Laissez reposer et au bout d'une heure, soutirez le liquide transparent tombé au fond du vase (ce vernis ne se conserve pas et doit être employé frais).

Vernis à la sarcocolline.

Faites une solution de sarcocolline dans de l'alcool à 60 degrés filtrée et décolorée, avec addition de quelques gouttes de glycérine.

Ce vernis prend très bien sur les peintures à l'huile, même un peu grasses.

On peut aussi employer comme vernis la solution de gomme laque dans l'eau et le borax, mais ce vernis une fois sec ne s'enlèverait plus à l'eau, il faudrait employer l'alcool.

ENCRES

Encre indélébile n'attaquant pas les plumes d'acier.

Noir d'aniline. . . . .   4 grammes.
Alcool . . . .   15 grammes.
Gomme arabique. . . . .   6 grammes.
Eau. . . . .   90 grammes.
Ajouter de l'acide chlorhydrique concentré, 60 gouttes.

Encre à dessiner sur laquelle on peut laver.

La bonne encre de Chine a cette propriété, mais
dans le cas où on ne pourrait pas s'en procurer, on
peut très bien s'en faire une avec la solution de
gomme laque dans le borax additionnée de noir d'a-
niline dissous dans l'alcool. Cette encre ne dépose
pas, mais il faut, avant de l'enfermer dans un flacon,
laisser l'alcool s'évaporer un jour ou deux.

POUR RENDRE LA CIRE MISCIBLE A L'EAU ET A LA GLYCÉRINE

Prendre 10 grammes de cire cassée en petits morceaux et mettre sur le feu dans 100 grammes d'eau
ou dans 100 grammes de glycérine.

Lorsque la cire sera fondue, il faut introduire petit
à petit quelques gouttes d'ammoniaque en tournant
vivement : la cire se trouvera bientôt divisée dans le
liquide en émulsion et elle peut être conservée longtemps en cet état; on devra laisser le flacon dans
lequel on la transvasera débouché quelques jours,
pour que l'excès d'ammoniaque puisse s'évaporer.

POUR EMPÊCHER LES VIBRATIONS DES TOILES OU PAPIERS TENDUS POUR LE PASTEL

On peut préparer un matelas de ouate que l'on interposera par derrière entre la toile ou le papier et un carton que l'on fixera sur le châssis par des vis. On peut se servir de coton minéral en verre filé ou d'une étoupe d'amiante, qui sont tous les deux indestructibles au feu et à l'humidité.

Le carton ou la planche qui viendront faire pression par derrière devront être imperméabilisés avec soin.

Au lieu de coton, on peut aussi employer à cet usage de la poudre de liège ou tout autre corps que l'on voudra, pourvu que ce corps soit imperméable et très léger afin qu'il n'ait pas tendance à descendre dans le bas du châssis et que sa pression reste bien répartie sur toute la surface du papier ou de la toile.

ENDUIT INSTANTANÉ

Lorsque l'on désire un enduit qui sèche immédiatement, nous conseillons de le faire de la façon suivante :

Fixatif à aquarelle.	20 grammes.
Vernis à retoucher.	12 grammes.
Oxyde de zinc.	3 grammes.

Le tout, bien trituré ensemble, étendu au couteau.

Si l'on désire étendre cet enduit à la brosse, on pourra le liquéfier avec un peu d'essence de pétrole et du liquide dissolvant du fixatif à aquarelle.

On peut peindre indifféremment à l'aquarelle ou à l'huile sur cet enduit.

MASTIC A REBOUCHER

Prendre de la couleur en poudre, selon le ton dont on veut faire le mastic, et mélanger avec de la résine dammar, également pulvérisée dans les proportions suivantes :

Pour presque tous les tons, deux grammes de couleur et un gramme de résine. Pour le vermillon, trois grammes de couleur et un gramme de résine. Pour le cobalt, il faut un peu plus de résine. Pour les laques, il faudrait moitié plus de résine que pour les autres couleurs ; mais il n'y a pas lieu de les employer dans les mastics à reboucher pour lesquels les couleurs opaques et couvrantes sont bien préférables.

La couleur étant mélangée à sa proportion de résine, on broiera le tout avec du fixatif à aquarelle, en pâte liquide, et l'on devra attendre quelques minutes avant de s'en servir jusqu'à ce qu'elle soit épaissie en consistance de mastic.

On peut préparer d'avance des pâtes de différentes couleurs et les garder en flacons. Si elles venaient à se sécher par suite d'un mauvais bouchage, on n'aurait qu'à les détremper avec le liquide dissolvant du fixatif à aquarelle.

On peut faire également un mastic très bon avec la colle de caséine et les poudres de couleur. Dans ce cas, on préparerait sa colle un peu plus épaisse que pour les enduits, ou il faudrait avoir la patience d'attendre qu'elle soit épaissie par évaporation. Sur ce mastic à la colle, il faut toujours passer du vernis à retoucher ou à peindre avant de repeindre.

MANIÈRE DE RENDRE
LE PAPIER TRANSPARENT

Lorsqu'on n'a pas de papier calque à sa disposition, il suffit, pour s'en faire immédiatement, de donner une bonne couche d'huile essentielle de pétrole sur du papier blanc quelconque, et, quand cette huile aura bien pénétré et transpercé, d'en essuyer l'excès, des deux côtés du papier, avec un chiffon propre.

L'encre et le crayon prennent très bien sur le papier ainsi rendu transparent. La transparence dure de dix à douze heures selon la température, et le pétrole est complètement évaporé au bout de deux jours.

Ce moyen peut être très utile dans certains cas. Il dispense de décalquer et de recalquer plusieurs fois.

En effet, si vous voulez faire un dessin à la plume d'après une aquarelle ou un tableau, il faut d'abord calquer, puis décalquer sur le papier blanc et enfin dessiner à la plume ; tandis qu'en passant au pétrole le papier même sur lequel vous devez dessiner, vous pouvez faire directement, tout en calquant, votre premier trait à la plume. Le lendemain votre papier n'est plus transparent et vous continuez comme sur un papier qui n'aurait jamais eu de pétrole.

PAPIER A DÉCALQUER
SUR LA PEINTURE A L'HUILE

Pour décalquer sur la peinture à l'huile, au lieu de se servir d'un papier frotté de mine de plomb ou de sanguine, ou de blanc ou de noir de fumée dont les traits ont l'inconvénient de disparaître à mesure que l'on peint et quelquefois de salir les tons, il est préférable de faire soi-même un papier à décalquer de la nuance que l'on désire en frottant de la couleur à l'huile mêlée de siccatif sur un morceau de papier calque ordinaire. On devra essuyer fortement avec un chiffon tamponné l'excès de couleur afin qu'il n'en reste que fort peu.

Cette couleur étant en couche très mince et très siccative, ce genre de papier à décalquer n'est bon que pendant quelques heures.

Son emploi a de grands avantages : les traits que l'on en obtient aussitôt qu'ils sont secs se trouvent

comme peints avec un pinceau très fin ; ils ne se
brouillent pas avec la nouvelle couleur quand on
repeint, on peut même frotter par-dessus des demi-
pâtés ou passer des glacis, et ils n'introduisent dans
la peinture aucun corps étranger. Pour les dessins
sur les étoffes, les tapisseries ou tous autres orne-
ments que l'on décalque après coups sur des fonds
et pour lesquels on a besoin de réchampir, ce genre
de décalque est très commode parce qu'en le faisant
du ton exact, on n'a pas besoin de repeindre le trait.
On ne devrait pas en employer d'autres pour les tra-
cés de perspective ou d'architecture que l'on fait souvent à l'encre, attendu que l'encre n'adhère pas bien
sur la peinture ; et s'il arrive qu'elle se détache, elle
entraîne la couleur qui est mise par-dessus et les
traits reparaissent, le ton des dessous s'y trouvant
ainsi remis à nu.

GARANTIE COMMERCIALE

Tous les produits nouveaux dont il est parlé dans ce livre se trouvent à la maison Lefranc et Cie, 64 et 66 rue de Turenne, à Paris.

Non seulement ces produits sont fabriqués d'après nos indications et nos formules, mais nous n'en avons autorisé la fabrication qu'à la condition qu'elle serait toujours soumise à notre surveillance.

On comprend qu'un auteur ait l'amour-propre de vouloir que ses inventions donnent les résultats qu'il annonce et qu'il s'entoure de toutes les garanties possibles, mais on comprendra aussi qu'il ne peut pas être responsable de tout ce que l'on fabriquera ou que l'on a même déjà fabriqué avec ses procédés plus ou moins mal compris. Voilà donc pourquoi cet auteur déclare qu'il ne garantit, parmi les produits que le commerce peut présenter comme faits d'après ses procédés, que ceux qui portent la marque de la maison Lefranc et Cie.

Quant aux couleurs broyées spécialement pour l'*aquarelle fixée au feu*, elles ont été dans le principe préparées par la maison Mary et fils, 26, rue Chaptal, qui en a conservé le monopole.

TABLE DES MATIÈRES

CHAPITRE V

CHAPITRE VI

CHAPITRE VII

CHAPITRE VIII

CHAPITRE IX

CHAPITRE X

CHAPITRE XI

CHAPITRE XII

CHAPITRE XIII

CHAPITRE XIV

APPENDICE

RECETTES ET MANIPULATIONS

Paris. — Typ. G. Chamerot, 19, rue des Saints-Pères. — 27242

www.ingramcontent.com/pod-product-compliance
Lightning Source LLC
LaVergne TN
LVHW021233170726
843501LV00003B/761

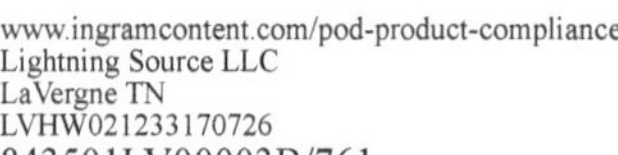